결심이 필요한 순간들

Wild Problems

결심이 필요한 순간들

인생의 갈림길에서
더 나은 선택을 하는 법

WILD PROBLEMS

러셀 로버츠 지음 | 이지연 옮김

세계사

당신이 어디로 가고 있는지 모른다면,
어느 길로 가든 당신은 그곳에 도착할 것이다.
충분히 오래 걷기만 한다면.

- 루이스 캐럴,《이상한 나라의 앨리스》

샤론에게 바칩니다.

삶을 아름답게 해 주는 원칙들

결혼을 할지 말지와 자녀를 가질지 말지가 대표적인 '답이 없는 문제들'이란다. 대한민국이 초저출산 수렁에 빠질 수밖에 없는 심오한 철학적 배경이 있었다. "내 선택이 나라는 사람을 규정하고, 앞으로 내가 어떤 사람이 될 수 있을지를 결정"하는, "말하자면 인생의 갈림길 같은" 중차대한 문제인데, 우리 정치인들은 기껏 돈 몇 푼 더 던져 주는 걸로 풀려 한다. 이런 중대한 문제는 때로 데이터와 과학에 입각한 합리적 접근만으로는 답을 찾을 수 없다. 그렇다고 해서 인류 역사의 대부분이 그랬듯이 또다시 권위와 전통에 기대는 건 어리석다. 운명은 어느덧 선택이 되었다. 세상은 날로 복잡해지고 그로 인한 불확실성의 증가는 우리의 목을 옥죄고 있다.

이 책은 이런 문제에 부딪혀 우리보다 먼저 풀어 본 학자, 사상

가, 시인은 물론, 청소부로부터 얻은 통찰을 바탕으로 몇 가지 간단한 원칙과 가이드라인을 제시한다. 위대한 과학자 찰스 다윈도 결혼을 앞두고 '장단점 목록pros and cons table'을 작성했다는 점이 흥미롭다. "결혼하지 않은 사람만이 위대한 업적을 이룰 수 있다"고 주장한 프랜시스 베이컨의 저주를 무릅쓰고, 목록에 그 스스로 '결혼 안 한다'에 훨씬 더 많은 지면을 할애했음에도 불구하고, 인간적 성장이나 공리주의적 가치 판단은 고려조차 하지 않은 채, 다윈은 결국 결혼했고 헌신적인 아내와 자식들까지 그의 일에 총동원되어 함께 위대한 업적을 남겼다. '비용 대비 혜택 분석cost-benefit analysis'을 뛰어넘은 다윈의 선택은 결과적으로 '신의 한 수'가 되었다. 그는 일기장에 "결혼한다 — 결혼한다 — 결혼한다. 증명 끝."이라 썼다.

'완벽함'의 반대는 '엉성함'이 아니라 '그럭저럭 괜찮음'이다. 그렇다고 해서 '거의 완벽함'에 안주해서는 안 된다. 정답이 없는 문제들이 삶을 아름답게 해 준다. 실행할 수 있는 것 중에서 내가 가장 원하는 것으로 결정했음에도 바라지 않던 결과가 나왔다면, 그건 실수가 아니라 그저 선택일 뿐이다. 결과가 맘에 들지 않으면 빨리 포기하면 된다. 인생은 어차피 지도 없이 하는 여행이며 애당초 '옳은 결정'이란 없었으니까. 과학의 영역을 최대한 넓히되 때로 과학의 한계를 받아들이는 게 겸손의 미덕이다. 우리 삶은 "해결해야 할 문제가 아니라 경험하고 맛보고 음미해야 할 미스터리다."

이 책을 읽는 내내 내 마음속에는 컨트리 웨스턴 가수 케니 로저스의 노래 '도박사The gambler'의 가사가 맴돌았다. 훌륭한 도박사는 살아남기 위해 어떤 카드를 쥐고 어떤 카드를 버려야 하는지, 언제 접어야 하는지, 언제 털고 일어서야 하는지를 알아야 한다. "왜냐하면 어느 판이든 딸 수도 있고, 또 어느 판이든 잃을 수도 있기 때문이다." 저자는 이렇게 말한다. "원하는 것, 좋아하는 것, 추구하는 것. 당신이 어떤 선택을 하느냐가 당신이 어떤 사람인지를 규정한다." 늘 곁에 두고 매일 아껴 읽고 싶은 책이다.

최재천

(이화여대 에코과학부 석좌교수, 생명다양성재단 이사장)

이 책을 읽으며 예측 불가능한 인생을 예측 가능하게 만들기 위해 노력해 온 지난날의 좌절과 허무함을 떠올려 보게 되었다. 이 책을 덮으며 생각했다. 한 치 앞을 모르는 인생을 대하는 나의 가슴에 '호기심'과 '인간적 성장'의 욕구를 간직하며 살아가겠노라고. 인생의 중반을 넘기는 나이에 이 책을 만나 앞으로 남아 있는 인생을 어떤 자세로 대해야 하는지를 깨달을 수 있었다. 이에 진심으로 감사하며, 인생을 어떻게 살아가야 할지에 대한 실존적 질문을 앞두고 있는 분들께 강력 추천한다.

박재연
(리플러스 인간연구소 소장, 《나는 왜 네 말이 힘들까》 저자)

차례

1장

답이 없는
문제들

지도 없이
인생을
여행하는 법

66

확실성을 향한 욕구는 마음을 가장 크게 병들게 한다.
- 로버트 그린, 《마스터리의 법칙》

99

몇 년 전에 한 친구와 산책을 하고 있었다. 그는 자녀를 가질지 말지 아내와 결정을 내리지 못하고 있다고 했다. 자녀가 생겼을 때 잃는 것과 얻는 것을 종이에 죽 적어 보았는데도, 이게 과연 좋은 생각인지 어떤지 두 사람 다 확신이 없다면서 나의 조언을 구했다.

나는 '그만한 가치'가 있어서 사람들이 자녀를 갖는 건 아니라고 했다. 달리 해 줄 말이 별로 없었다. 부모가 되는 게 실제로 어떤 건지 조금이라도 안다고 생각하는지 되물어 볼 생각은 하지 못했다. 자녀를 갖기 전에 상상할 수 있는 온갖 희생(일할 시간과 쉴 시간이 줄어들고,

휴가 때 갈 수 있는 곳이 제한적이고, 기저귓값·분윳값·교육비와 같은 비용이 발생하는 등)은 상상할 수 있는 모든 좋은 점을 압도한다.

그렇다면 자녀를 갖는 게 비이성적인 행동처럼 보일지도 모른다. 하지만 나를 비롯해 수많은 부모가 증언해 줄 것이다. 부모가 자기 자신을 바라보는 방식, 삶을 경험하는 방식의 중심에 자녀가 있다고 말이다. 수많은 부모가 자녀가 삶에 의미를 준다고 말할 것이다. 이런 괴리를 우리는 과연 어떻게 이해해야 할까?

자녀를 가질 것이냐, 말 것이냐 같은 문제를 나는 '답이 없는 문제wild problems'라고 부른다. 말하자면 인생의 갈림길 같은 것이다. 어느 쪽이 옳은지도 분명하지 않고, 이 길이 아닌 저 길을 택했을 때의 기쁨과 고통이 무엇일지 끝까지 알 수 없으며, 여기서의 내 선택이 '나'라는 사람을 규정하고 앞으로 내가 어떤 사람이 될 수 있을지를 결정한다. 답이 없는 문제들은 인생을 살아가며 누구도 피할 수 없는 중대한 결정들이다.

답이 없는 문제 중 많은 것들이 우리의 심장을 벌렁대게 하거나 가슴을 아리게 만들 수 있다. 저 멀리 떨어진 미래라는 나라에 도착해 보기 전에는 어느 길이 최선인지 확신할 수 없다. 그리고 그 미래라는 나라는 오직 도착해 본 후에만 온전히 알 수 있다. 그래서 우리는 불안하다. 불안하니 결정을 미룬다.

어떻게 해야 한 발이라도 앞으로 나아갈 수 있을까? 특히나 이성적인 결정을 내리고 싶다면? 손쉬운 전략은 이전에 겪어 보았고 해법을 아는 다른 어려운 문제들의 경우에서 도움을 받는 것이다. 예를 들어 교통 정체를 해결하거나 코로나바이러스를 이길 백신을 개발해야 한다면, 테스트할 수 있는 알고리즘, 재현 가능한 실험, 데이터 등을 활용할 것이다. 어떤 문제들(내가 답이 있는 문제라고 부르는 것들)은 우리가 포기하지 않고 과학이나 공학적 접근법, 이성적 사고를 부단히 동원하면 조금씩, 조금씩 진전을 볼 수 있다.

그러나 인생의 중대한 의사 결정들, 예를 들어 결혼하느냐 마느냐, 누구와 하느냐, 자녀를 가질 것이냐, 어떤 커리어를 추구할 것이냐, 친구와 가족에게 어느 정도의 시간을 바칠 것이냐, 일상적으로 마주치는 윤리적 딜레마를 어떻게 해결할 것이냐 등과 같은 답이 없는 문제들은 데이터나 과학적 방법론 혹은 우리가 평소에 사용하는 합리적 접근법으로는 결정이 나지 않는다.

나는 시카고 대학교에서 경제학을 전공했다. 삶에서 합리적 선택을 내리게 해 주는 게 경제학이라고 배웠다. 저게 아니라 이걸 선택했을 때 포기해야 하는 것들, 소위 기회비용과 트레이드오프tradeoff(둘 다 가질 수는 없고 한쪽을 가지려면 반드시 다른 한쪽을 내줘야 하는 양자택일 관계에 있는 것들 사이의 거래 — 옮긴이)가 중요하다고 배웠다. 모든 것은 대가가 있다고 배웠다. 뭐든 하나를 챙기려면 다른 하나를 포기해야 한다. 무한한 가치가 있는 것은 세상에 아무것도 없다. 하지만 이제 나는 인생의 중대 결정들에 관한 한, 저런 원칙들이 오히려 우리가 길을 잃게 만들 수도 있다고 믿게 되었다.

시카고 대학교 대학원생 시절 경제학과 건물 벽에 다음과 같은 켈빈 경Lord Kelvin, William Thomson의 말이 새겨져 있었다. "측정할 수 없는 지식은 빈약하고 불충분하다." 현대인들은 켈빈 경의 말을 가슴으로 받아들였다. 처음에는 자연과학이, 다음에는 서서히 사회과학이, 심지어는 인문학까지도 '측정(데이터 수집)'이 곧 더 나은 삶에 이르는 길이라는 생각을 흔쾌히 받아들였다. 측정 과정을 개선해야 하고, 그렇게 측정된 내용을 이용해서 더 유능해지고 생산적이고 건강해지는 게 더 나은 삶에 이르는 길이라 생각했다.

그러나 답이 없는 문제들은 측정을 거부한다. 당신에게는 효과가 있었던 방법이 나에게는 효과가 없을 수도 있다. 어제는 맞았던 방법이 내일은 맞지 않을 수도 있다. 답이 없는 문제들은 다스려지지도, 길들지도 않으며 그때그때 저절로 생겨나고, 유기적이고, 복잡하다. 정해진 합리적 방법을 따라가면 한 발씩 앞으로 나아갈 수 있는, 답이 있는 문제들과는 결이 완전히 다르다.

인류 역사의 대부분의 기간 동안 답이 없는 문제들을 다스린 것

답이 있는 문제	답이 없는 문제
목표가 분명하고 객관적으로 평가할 수 있다.	목표가 주관적이고 측정하기 어렵다.
뉴욕에서 시카고까지 가는 방법	시카고에 갈 것인지 말 것인지 결정하기
성공할 수 있는 방법을 테스트하거나 검증할 수 있다. 레시피를 그대로 따르면 된다.	성공하기 위한 매뉴얼도, 지도도, 레시피도, 알고리즘도 없다.
오믈렛 만들기	《햄릿》 저술하기
주장을 검증할 수 있다. 결과를 재현할 수 있다.	성공에 이르는 길을 재현할 수 없다.
과학	공예
달에 착륙하기	육아
휴대전화의 배터리 수명 연장하기	커리어 선택하기
비서 문제(7장 참조)	누구와 결혼할지 결정하기
세 수만에 체스 끝내기	인생

은 권위와 전통이었다. 왕이 나와 내 부모를 지배했고, 태어날 때부터 종교가 있었고, 문화가 우리를 둘러쌌다. 그러나 이제 왕은 죽었다. 종교의 장악력도 꾸준히 약해진다. 전통? 우리는 가뿐히 떨쳐 버리고 나 자신을 백지상태라고 생각한다. 내가 직접 연필을 들고 원하는 대로 내 모습을 그릴 수 있다고 생각한다. 모든 제약으로부터

자유롭다.

한때는 운명이었던 것이 이제는 선택이다. 영광스러운 일이지만, 어렵기도 하고 종종 불안하기도 하다. 선택할 수 있다는 것은 더 나은 삶이 가능하다는 뜻이다. 하지만 이렇게 저렇게 하라고 알려주는 레시피도, 알고리즘도, 앱도 없는 상황에서 이 드넓은 자유를 대체 어떻게 헤쳐 나가야 할까?

답이 없는 이 어려운 문제들에 대처하는 한 가지 방법은 측정할 수 있는 것은 측정하려고 노력하고, 측정할 수 없는 것은 최선을 다해 계량화해 보는 것이다. 아무것도 안 하는 것보다는 이게 좀 더 나아 보이기도 하고, 정보를 수집하고 있다는 사실 자체가 마음을 진정시켜 주는 효과도 있다. 정답을 향해서 조금씩 나아가고 있다고 우리는 스스로에게 말한다. 옳은 방향으로 한 걸음 더 가고 있다고.

하지만 틀린 방향으로 한 걸음 더 간 것일 수도 있다. 자칫하면 잃어버린 열쇠를 가로등 아래에서만 찾고 있는 사람이 될 수도 있다. "여기서 잃어버린 것 맞으세요?" 지나가던 행인이 도와주려고 묻는다. "아니요, 하지만 여기가 잘 보여서요." 열쇠 주인이 대답한다. 심지어 가로등 아래를 더 밝게 비추려고 손전등까지 동원하는 게 겉으로는 합리적인 대응처럼 보일지도 모른다. 하지만 만약 열쇠가 가로등에서 멀찌감치 떨어진 캄캄한 곳에 놓여 있다면, 그런 식으로 한때는 운명이었던 것이 이제는 선택이다.
선택할 수 있다는 것은
더 나은 삶이 가능하다는 뜻이지만,
인간의 숙명인 불확실성은 우리를 숨죽이게 한다.

열쇠를 찾을 수 있다고 생각하는 것은 자기 자신을 기만하는 것에 불과하다. 기존에 내가 잘 아는 것 또는 내가 상상할 수 있는 것에만 초점을 맞춘다면, 나에게 열린 수많은 선택지를 무시하는 일이다.

비슷한 내용을 트위터에 올렸더니, 어느 팔로워가 이 문제의 곤혹스러움을 질문 하나에 일목요연하게 정리해 주었다. '만약 중요한 것들은 측정하기가 어렵고, 측정할 수 있는 것들은 엉뚱한 결론으로 이끈다면, 우리는 대체 어떻게 의사 결정을 내려야 하나요?'

이 책은 바로 그 질문에 대한 답이다. 그리고 그날의 산책이 훨씬 더 길었다면 자녀라는 답이 없는 문제로 고심하던 친구에게 내가 들려주었을 이야기다.

여러분이 결혼을 해야 하는지, 자녀를 가져야 하는지, 로스쿨에 가야 하는지, 내가 일러 줄 수는 없다. 다만 이 책을 계기로, 앞으로 그런 문제를 만났을 때 어떻게 하면 정말로 중요한 것들을 잊지 않을 수 있을지 생각해 볼 수 있기를 바란다. 이 책에 담긴 여러 통찰은 철학자, 경제학자, 미식축구 감독, 시인 그리고 아마도 역사상 가장 위대한 과학자일 '그분'과 그랜드티턴 국립공원의 어느 객실 청소 담당자로부터 얻은 것이다. 이를 통해 나는 여러분에게 인간의 숙명인 불확실성에 대처하는 방법, 그 원칙을 제시할 것이다.

옳은 결정을 내리는 데 시간을 많이 쓰지는 않을 것이다. 오히려 많은 경우에 우리가 생각하는 그런 '옳은 결정'이라는 건 없다는 걸 보여 줄 것이다. 인생이라는 긴 여정을 여행하는 방법에 관해 조언할 것이다. 어디를 방문할지는 여러분에게 달렸다. 결과적으로 의사 결정을 대하는 방법뿐만 아니라 잘 산 인생을 꾸리는 방법에 관한 몇 개의 가이드라인을 제시할 것이다. 이 가이드라인을 따라가다 보면 울렁거림은 좀 줄어들고 평온은 조금 더 늘어날 것이다.

그러면 먼저, 역사상 가장 위대한 과학자 중 한 명을 만나 보자. 그는 자신이 마주친 답이 없는 문제 앞에서 과연 어떻게 대처했을까?

2장

다윈의
딜레마

사랑과 결혼,
우뇌와 좌뇌가
충돌할 때

66

아름다움, 기쁨, 온갖 감정과 욕구, 지혜, 어리석음, 그 외 많은 것들이 정도의 차이가 있지만 양으로 환산된 적은 없다. 그리고 내 생각에는 앞으로도 안 될 것이다. (…) 우리의 감정과 욕구 자체가 양으로 환산되기 전까지는, 그 다양한 정도를 정확히 잴 수 있기 전까지는, 그걸로 장단점을 판단하려는 시도는 부질없는 짓이다.

　　　　　　　- 토머스 리드, 《양에 관하여 An Essay on Quantity》

99

1838년 답이 없는 문제를 앞에 놓고 고민하고 있는 사람은 찰스 다윈이었다. 서른 살 생일이 다가오고 있었다. 결혼을 해야 할지, 말아야 할지 이번에는 결정을 볼 참이었다. 결혼을 한다면 아마 자녀도 생길 것이다. 다윈은 이 선택에 의해 좌우될 장단점을 목록으로 작성해 보았다. 그의 손 글씨로 적힌 이 목록은 그의 일기장에서 엿볼 수 있다.

두 페이지에 걸쳐 있는 목록의 상단에는 "이것이 문제로다"라는 문장이 쓰여 있다. 아마도 《햄릿》의 유명한 구절이자 카뮈가 철학의 근본 질문이라고 생각했던 그 문제, '사느냐 죽느냐'에서 따왔을 것이다. 다윈에게는 '결혼하느냐 마느냐'가 문제였다.

노트 왼편에 다윈은 결혼한다는 게 어떤 것일지 상상해 본 내용을 적었다. 오른편은 결혼하지 않는 게 어떤 것일지 상상해 본 내용이다.

결혼한다	결혼 안 한다
자녀(신께서 허락하신다면)	자녀 없음(두 번째 삶이 없음). 늙어서 돌봐줄 사람이 없음
나에게 관심을 가질 동반자 (겸 노년의 친구)	아끼는 가까운 사람들이 공감해 주지 못한다면 일이 다 무슨 소용일까. 늙은이에게 가족 빼면 무슨 친구가 있을까.
사랑받고 함께 놀 대상 (어쨌든 강아지보다는 나음)	어디든 갈 수 있는 자유(사람을 가려서 만날 수 있고 적게 만날 수 있음). 사교 클럽에서 재치 있는 남자들과의 대화
가정, 집을 돌볼 사람	억지로 친척을 방문할 필요가 없고, 사소한 것들에 신경 쓰지 않아도 됨
음악이 주는 매력, 여성과의 수다 (건강에 좋은 것들임)	자녀로 인한 비용 및 걱정, 아마도 다툼. 시간 손실(저녁에 책을 못 읽음, 뚱뚱하고 게을러짐). 자녀가 많아져서 입이 늘어날 경우에 발생하는 걱정과 책임(책 살 돈이 줄어드는 등)
억지로 친척을 방문하고 초대해야 하는데 끔찍한 시간 낭비임	(그렇지만 과로는 건강에 매우 나쁨)
	아내가 런던을 싫어할 가능성이 큼. 그럴 경우 유배 생활을 해야 하는데 나태하고 게으른 바보로 전락

다윈이 지금 상상하고 있는 내용은 결혼했을 때의 일상적 장단점과 미래에 자신이 그걸 경험할 때 각 장단점이 어떻게 느껴질까 하는 부분이다. 자녀를 가질지 말지 고민 중이던 내 지인과 그의 아내도 이렇게 했었다. 이게 마치 합리적 의사 결정의 정수인 것처럼 보일 것이다. 이렇게 했을 때와 저렇게 했을 때 각각 어떤 행복이 주어질지 추측해 보고, 행복이 가장 클 것으로 예상되는 쪽을 선택하는 것 말이다. 물론 실제로 결과가 어떻게 될지는 알 수 없다. 그리고 이는 결국 누구와 결혼하느냐에 따라 달라질 게 분명하다. 하지만 사람들은 지금 가진 정보를 바탕으로 최선을 다해서 추측해 본다.

해결하려는 문제가 무엇이든, 답이 없는 문제이든 답이 있는 문제이든, 장단점 목록을 작성하는 건 좋은 생각인 것처럼 보인다. 이 방법을 다윈이 발명해 낸 것도 아니다. 이브가 에덴동산에서 선악과를 먹을지 말지라는 답이 없는 문제를 만났을 때만큼이나 오래된 방법일 것이다(단점: 무시무시한 정원사가 화를 낼 것이다, 무지는 축복이다, 지식을 얻었다가 예상치 못한 낭패를 볼지도 모른다. 장점: 뱀은 유쾌한 친구인 것 같다, 금단의 열매가 가장 달다 등). 그러나 앞으로 보겠지만, 다윈이 작성한 '비용 대비 혜택 분석 목록'은 그를 완전히 엉뚱한 길로 이끌 위험을 내포하고 있다. 그의 목록을 한번 살펴보자.

"끔찍한 시간 낭비"라는 구절은 다윈이 결혼 때문에 자신의 과학적 성과가 줄어들까 봐 깊이 걱정하고 있었음을 드러낸다. 자서전에서 다윈은 귀납법(프랜시스 베이컨의 책에 나온 과학적 방법론)에 관해 이야기한다. 오늘날에는 베이컨의 저술을 많이들 읽지 않지만, 베이컨은 제임스 1세 시대의 대법관으로 당대의 가장 똑똑한 인사였다고 할 수 있고, 그로부터 200년이 넘게 지난 다윈 시절에도 여전히 유명한 인물이었다. 나는 다윈이 베이컨의 에세이 〈결혼과 독신 생활에 관하여〉에 사로잡혀 있었던 게 아닌가 싶다. 에세이에서 베이컨은 결혼하지 않은 사람만이 위대한 업적을 이룰 수 있다고 주장했다.

아내와 자녀가 있는 사람은 운명의 볼모이다. 이들은 좋은 일이든 나쁜 일이든 큰일을 하는 데 걸림돌이 되기 때문이다. 공익에 가장 크게 이바지한 최고의 업적들은 어김없이 결혼하지 않았거나 자녀가 없는 사람들에게서 나왔다. 그들은 몸과 마음을 공익에 바치고 공익과 결혼했다.

운명의 볼모. 베이컨의 말에는 분명 일리가 있다. 결혼을 하고 자녀가 생기면 내 운명에 대한 통제권을 많이 상실한다. 언제 어떻게 일어날지 모르는, 피할 수 없는 일들(베이컨이 운명이라고 부른 것)의 볼모가 된다. 사랑하는 사람에게 여러 일이 벌어지기 때문이다. 그리고 내가 내 시간과 돈을 쓰는 방식에 관해서도 가족들은 기대하는 바가 있다. 예를 들어 보면, 어느 날 눈을 떠보니 내가 사랑하는 도시를 버리고 좀 더 시골스러운 곳으로 거처를 옮겼을지도 모른다.

그건 그렇고, 과연 결혼과 관련해서 베이컨을 믿을 만한 권위자라고 부를 수 있을까? 베이컨은 마흔다섯 살까지 독신으로 살다가 만 열네 살가량 된 앨리스 바넘Alice Barnham과 결혼했다. 베이컨이 "내 취향의 당당한 용모를 가진 처녀"라며 앨리스를 처음으로 언급한 것은 그녀가 열한 살 때다. 두 사람 사이에는 자녀가 없었다. 죽기 몇 달 전 베이컨은 "중대하고 공정한 이유"로 앨리스를 유언장에서 삭제한다. 베이컨이 죽고 11일 후 앨리스는 그녀의 재산 관리인과 결혼한다. 어떻게 된 일인지는 셜록 홈스가 아니어도 충분히 짐작할 수 있다. 그러니 베이컨의 개인적 경험이 그의 결혼관에 영향을 주었을 가능성도 배제할 수 없다.

그렇지만 다윈이 결혼 생활, 특히 자녀가 있는 결혼 생활이 자신의 과학적 생산성을 떨어뜨릴까 봐 걱정한 게 터무니없는 생각은 아니다. 결혼을 하고 자녀가 생기면 뜻대로 할 수 있는 일이 줄어들 거라고 생각한 것은 옳게 이해한 것이다. 다윈은 일종의 노후 보험이자 결혼에 수반되는 불가피한 피해라고 생각하는 점 외에는 자녀에 대해 아무런 관심이 없어 보인다. 그는 일기에서 자녀를 '비용과 걱정'의 원천으로 기술하고 있다.

다윈이 결혼이라는 딜레마에 빠지기 수십 년 전에, 우리는 자주 잊어버리는 사실이지만 뛰어난 과학자이기도 했던 벤저민 프랭클린이 다윈과 비슷한 목록 작성법을 제안한 바 있다. 프랭클린의 목록은 조금 더 실용적이다.

1772년 조지프 프리스틀리(나중에 연구를 통해 산소를 발견한다)는 커리어 노선을 바꿀까 고민 중이었다. 방향을 바꾸면 지금보다 훨씬 더 높은 수준의 생활이 가능했다. 하지만 그렇게 되면 부유한 후원자가 한 명 생길 텐데, 그 후원자가 어울리는 집단이나 그의 지인들은 프리스틀리나 그의 아내에게는 매우 이질적이었다. 어쩌면 아주 안 좋은 결과를 빚을지도 몰랐다. 프리스틀리는 친구인 벤저민 프랭클린에게 조언을 구했다. 프랭클린은 편지에서 어느 쪽이 옳은 선택이라고 일러 줄 수는 없으나 결정을 내릴 방법은 알려 줄 수 있다고 했다. 이 방법을 쓰면 답이 없는 문제도 조금은 정리가 될 거라면서 말이다.

프랭클린은 프리스틀리에게 종이를 한 장 꺼내 가운데 세로로 선을 그으라고 했다. 좌우가 나눠지면 한쪽에는 장점을, 다른 쪽에는 단점을 쓴다. 프랭클린은 이 방법이 좋은 이유를 이렇게 설명했다. 답이 없는 문제에 직면하면 우리는 오늘은 한 측면에 집중했다가도 내일은 다른 측면에 집중하면서 오락가락한다. 그런데 며칠을 두고 장단점을 모조리 수집하면 한데 놓고 동시에 살필 수가 있다.

여기까지만 보면 다윈이 썼던 방법과 크게 다르지 않다. 하지만 프랭클린은 거기서 한발 더 나아갔다. 그는 프리스틀리에게 이 장단점들을 보면서 "각각에 부여할 가중치를 열심히 추정해 보라"라고 했다. 장점 하나가 단점 하나와 대략 크기가 같다거나, 장점 세 개를 합치면 단점 두 개와 크기가 같다거나 하면 서로 상쇄가 되니 양쪽을 모두 지우라고 말이다. 이렇게 해 보면 "무게가 어느 쪽으로 기우는지" 알 수 있고 "그에 따라 결심이 설 것"이라고 했다.

프랭클린은 이 방법에 주관적 요소가 크다는 사실도 인정했다. 그는 "이성의 저울질을 수학처럼 정확하게 할 수는 없지만" 이런 전략이 "성급한 행동"을 할 가능성은 줄여 준다고 했다. 프랭클린은 그가 만든 체계를 "도덕 수학 내지는 심사숙고의 수학"이라고 불렀다. 수학적이고 엄밀한 의사 결정을 내리려는 초창기 시도였다.

그로부터 200여 년이 지난 후 노벨상을 받은 심리학자 대니얼 카너먼이 여러 후보 중에 최고의 직원을 채용하는 방법과 관련해 비슷한 내용을 제안했다. 사람을 뽑을 때는 자칫하면 상대의 성품이나 잘못된 첫인상에 홀릴 수 있다. 또는 상대의 어느 특징에 대한 본능적 반응으로 특정 후보를 과대평가할 수도 있다. 이럴 때 좋은 방법은 해당 직무를 수행하는 데 중요한 요소를 여섯 가지 정도 미리 정해 두는 것이다. 그런 다음 후보마다 면접이나 추천인과의 대화, 자기소개서 등 동원할 수 있는 모든 수단을 활용해 각 요소에 대한 점수를 1에서 5까지 매긴다. 그렇게 해서 점수의 총합이 가장 높은 후보를 채용하면 된다.

예를 들어 앨리스와 밥이라는 두 후보가 있다면, 카너먼의 방식은 아래와 같이 두 사람을 평가한다. 면접에서는 밥이 훨씬 더 좋은 인상을 준다. 밥은 언어 구사 능력과 사회성이 뛰어나다. 반면에 앨리스가 가진 장점들은 면접에서 잘 전달되지 않을 수도 있다. 그러나 이렇게 중요한 특징들을 모두 펼쳐놓으면 어느 후보가 최선인지 더 객관적으로 측정할 수 있다. 만약에 여섯 요소의 중요성이 서로

요소	앨리스	밥
전문 기술	5	3
신뢰성	5	2
사회성	2	3
언어 구사 능력	1	5
문서 작성 능력	3	1
성실성	5	3
총합	**21**	**17**

다르다고 생각하면, 가중치를 부여해서 점수를 내면 된다.

이런 방식은 복잡한 존재인 인간을 숫자 하나로 축약해 준다. 수학적으로 표현하면 이 방식은 행렬(도표식으로 된 숫자 배열)을 더 단순한 것, 즉 단일 숫자로 전환한다.

집을 사려고 고민 중이라면 위치가 어디인지, 방이 몇 개인지, 주방이 큰지 등등을 살필 것이다. 그러나 어느 집이든 전형적이지 않은 부분이 있고, 모양도 죄다 다르다. 그래서 우리는 보통 제곱미터라는 숫자 하나에 의지해서 어느 집이 더 큰지 파악한다. 요리를 좋아한다면(혹은 요리에 전혀 관심이 없다면) 주방 크기를 따로 확인해 볼 수도 있지만, 개별 공간이나 그 각각의 크기보다는 분명히 전체 면적이 우선한다. 복잡한 것을 숫자 하나로 환원해서 서로 비교가 가능하게 해 주는 것은 강력한 능력이다.

면적과 같은 물리적 개념을 단일 숫자로 표현하는 것을 수학에서는 스칼라scalar라고 한다. 이 말의 어원이 되는 라틴어 'scala'는 높은 곳에 올라가도록 도와주는 물건, 즉 사다리를 뜻한다. 영어 단어 'scale'도 라틴어로는 'scala'이다. 영어에서 'scale'은 명사로는 무언가의 측정을 도와주는 물건들을 가리키고, 동사로는 '최고봉에 오르다'처럼 '오르다'의 뜻이다.

스칼라는 서로 다른 것들을 단일한 척도로 측정해서 비교하기

인간은 운명의 볼모가 되지 않기 위해
늘 측정하고, 비교하고, 견준다.
이성의 저울질은 우리의 본성이지만,
아무리 치밀하게 계산해도 버그는 발생한다.

쉽게 만들어 준다. 복잡한 것을 단순화시킨다. 인간은 뭐가 더 무겁고, 높고, 길고, 짧고, 크고, 작은지를 아주 잘 안다. 우리는 숫자를 비교해서 '크고, 작고, 같음'을 판단하는 데 능하다. 1,000은 10보다 크다. 17.3은 17.1보다 크다. 이런 비교는 너무나 쉬워서, 생각해 보고 말고 할 것도 없이 저절로 이루어진다.

프랭클린이 프리스틀리에게 했던 조언도 본질적으로는 이와 같은 내용이다. 장단점 중에서 몇 개를 합쳤을 때 서로 크기가 얼추 같은 것들을 찾아보라는 말은, 여러 장단점을 대략적으로 측정하고 견주어 볼 수 있는 단일한 척도가 있다는 뜻을 내포한다.

행렬은 정신 사납다. 무슨 뜻인지가 불투명하다. 스칼라는 깔끔하고 명확하다. 이 명확함 때문에 스칼라는 유혹적이다. 하지만 스칼라가 얼마나 쓸모가 있고 정확할지는 복잡한 정보를 단일 숫자로 변환하기 위해 얼마나 많은 귀퉁이를 잘라 냈느냐에 따라 달라진다.

표면적으로 봤을 때 채용 문제에 대한 카너먼의 해결책(점수를 매기는 것)은 채용 의사 결정을 더 정확하고, 명확하고, 과학적으로 만든다. 카너먼이 《생각에 관한 생각》에서 말한 것처럼 "인간의 판단을 하나의 공식으로 대체할 수 있다면, 언제나 적어도 고려는 해 봐야 한다".

그러나 자칫하면 저 문장에서 '적어도 고려는 해 봐야'를 마치 '대체할 수 있다면 대체해야 할 것처럼 잘못 느낄 수 있다. 우리는 늘 공식을 찾는다. 불확실성을 제거해 줄 계산법을 찾는다. 공식은 단순하다. 이는 공식의 특징이기도 하지만, 공식에 포함된 버그(오류)이기도 하다. 삶은 단순하지 않다.

채용 후보에게 요소별로 점수를 매기려면 면접에 들어 있는 주관적 정보(채용 후보는 온갖 이야기를 쏟아 놓았을 것이다)를 뭔가 객관적으로 보이는 것, 즉 단일 숫자로 바꿔야 한다. 이렇게 계량화하고 싶은 충동, 즉 주관적이거나 미묘한 정성적定性的 정보를 단일 숫자처럼 보다 명확한 무언가로 변환하고 싶은 충동은 저항하기가 쉽지 않다. 그렇게 할 수만 있다면 답이 없는 문제도 답이 있는 문제로 변환할 가능성이 열리기 때문이다. 의사 결정에 관한 한, 스칼라(앨리스와 밥의 도표에 있는 것과 같은 숫자들)는 우리가 무언가를 신빙성 있게 비교할 수 있다고 상상하게 만든다. 그리고 이는 다시 우리가 미래를 들여다볼 수 있다고, 선택에 당면했을 때 최고의 의사 결정을 내릴 수 있다고 상상하게 한다.

그러나 답이 없는 문제 앞에서 우리의 결정에 따른 '기대 행복'을 알아보기 위해 비용-혜택 목록을 작성해 보는 게 합리적일 거라는 생각은 사실, 착각이다. 그 이유를 알아보자.

| 3장 |

돌이킬 수 없는
선택

엄청난 사고를 친
바보들의
기쁨과 슬픔

"

삶이 가능한 이유는 오로지 끝나지 않는,
참을 수 없는 불확실성 때문이다. 내일은 무슨 일이 일어날지 모르니까.
- 어슐러 K. 르 귄, 《어둠의 왼손》

"

결혼을 할지 말지 결정하려고 했을 때 다윈이 정말로 알고 싶었던 것은 결혼을 하기로 결정하면 남은 인생이 어떻게 되고, 독신을 선택하면 결국 어떻게 되는가 하는 점이었다. 앞으로 두 개의 세상이 펼쳐질 수 있는 상황에서 장단점 목록을 작성하는 것은 각각의 선택을 내렸을 때 결과가 어떻게 될지 상상해 보기 위해서다. 이는 합리적으로 보이기도 하고, 경제학자들이 '기대 효용'(미래에 기대되는 행복)이라고 부르는 것을 극대화하려는 노력의 한 형태이기도 하다.

다윈의 목록을 조금 더 보기 좋게 정리해 보자. 다윈의 목록에는

'결혼한다' 칸과 '결혼 안 한다' 칸에 각각의 장단점이 뒤섞여 있었다. 이걸 그냥 결혼하기로 했을 때의 장단점으로 재정리하면 각 결정에 따른 영향을 좀 더 쉽게 평가할 수 있을지도 모른다.

다윈의 목록을 아래와 같이 다시 정리해 보면 다윈은 결혼했을 때의 장점보다는 단점을 훨씬 더 많이 생각해 냈고, 그 단점의 다수는 시간 손실에 관한 것임을 쉽게 알 수 있다. 비록 노골적으로 써 놓지는 않았지만 다윈이 결혼의 가장 큰 단점으로 생각하는 게 무엇

결혼의 장점	결혼의 단점
• 동반자가 생김 • 함께 놀 상대로서 강아지보다는 나음 • 음악이 주는 매력 • 여성과의 수다 • 노년에 나를 돌봐줄 자녀 • 아내 덕분에 너무 강박적으로 일하지 않을 수 있다면 건강에 더 좋을 수도 있음 • 집을 돌볼 사람	• 런던을 떠나야 할 수도 있음 • 내 뜻대로 살 수 없음 • 사교 클럽에서 남자들과의 재치 있는 대화 불가능 • 아내의 친척들을 즐겁게 해 주느라 시간 낭비 • 아내의 친척들을 방문하느라 시간 낭비 • 양육 비용 • 자녀에 대한 걱정 • 가족을 책임지는 데 따르는 일반적 걱정 • 저녁에 독서 불가 • 가족을 부양하기 위해서 돈이 되는 직업을 가져야 할 수도 있음

인지는 분명하다. 마음속에 프랜시스 베이컨을 품고 있던 다윈은 결혼하면 과학 연구를 할 시간이 줄어들까 봐 걱정하고 있다. 운명의 볼모가 될 것이다, 생산성이 떨어질 것이다, 위대한 과학자가 되지 못할지도 모른다. 어떻게 하지?

나는 다윈이 술이나 한잔하자면서 그레이트말버러가에 있는 그의 집으로 나를 초대하는 상상을 한번 해 본다. 영광이다. 나는 그를 잘 알지 못한다. 사교 클럽에서 저편에 앉아 있는 그를 본 게 전부다. 나를 왜 초대한 거지? 우리는 다윈의 응접실 벽난로 앞에 앉아 남자들끼리 나누는 별 의미 없는 대화를 주고받으며 어색함을 떨쳐 보려고 애쓴다. 이번 주는 잘 지내셨냐고 다윈이 묻는다. 나는 괜찮았다고 답한다. 요즘 어떤 작업을 하시느냐고 그가 묻는다. 나는 의사 결정에 관한 책을 한 권 쓰고 있다고 답한다. 이 무슨 기막힌 우연이냐며 그는 사교 클럽에 있는 사람들에게서 내 이야기를 들었다고 한다. 그리고 지금 본인이 결정을 내리지 못해서 끙끙대고 있는 문제가 있다고 고백한다.

나는 그제야 미소를 짓는다. 나를 왜 초대했는지 알았기 때문이다. 내가 앉아 있는 높은 등받이의 안락의자 옆 탁자에 그가 잔에 따라 둔 라프로익(위스키의 한 종류)을 한 모금 마셔 본다. 나는 말없이 기다린다. 그에게 먼저 털어놓을 기회를 주고 싶다. 다윈은 머뭇대더니 작은 종잇조각을 하나 건넨다. 제일 위 줄에 "이것이 문제로다"라고 쓰여 있다. 나는 천천히 종이를 들여다보며 그의 악필을 알아보려고 애쓰면서 한마디 내뱉고 싶은 충동과 싸운다. 나는 불길을 뚫어져라 바라보며 무슨 말을 해 줘야 하나 고민한다.

프랭클린이 프리스틀리에게 쓴 편지에 나오는 도덕 수학을 알려 줘야 하나? 프랭클린은 다윈의 할아버지인 이래즈머즈 다윈의 친한 친구이기도 했다. 파리에서 다윈의 아버지가 프랭클린을 방문한 적도 있다. 어쩌면 가족들 간에 잘 아는 프랭클린의 방식이 다윈에게는 호소력을 가질 수도 있다. 하지만 나는 프랭클린 때문에 다윈이 오히려 길을 잃을까 걱정되어 도덕 수학은 언급하지 않기로 한다.

마침내 침묵을 깬 사람은 다윈이다. 다윈은 내 생각이 알고 싶다고 말한다. 벽난로를 보고 있던 나는 그제야 고개를 든다. 그의 고뇌가 느껴진다. 일개 경제학자인 나는 과학계의 거장 앞에서 주저한다. 영국 해군 함선 비글호를 타고 여행하며 770페이지에 달하는 일지를 쓰고 1,750페이지 분량의 기록을 남기고 5,436점의 동물 가죽과 뼈, 사체를 수집한 그 찰스 다윈이 아닌가. 따개비를 8년간 연구한 사람. 마지막 과학 연구 프로젝트를 위해 지렁이를 29년간 실험한 사람. 이를 기록한 《지렁이의 활동과 분변토의 형성》은 비록 홍

미진진한 읽을거리는 아니었을지 몰라도 지렁이와 그 행동에 관한 아주 철저한 경험적 연구였을 것이다.

그런 찰스 다윈에게 당신이 모은 데이터가 아직 충분하지 않다고 어떻게 말을 하지?

우리 모두와 마찬가지로 다윈은 미래에 관해서는 아무것도 알지 못한다. 게다가 답이 없는 문제 앞에 선 우리 모두와 마찬가지로 다윈 역시 자신이 얼마나 모르는지조차 알지 못한다. 《되돌릴 수 없는 경험Transformative Experience》에서 L. A. 폴L. A. Paul은 우리 책이 초점을 맞추고 있는 것과 같은 중대한 의사 결정에 대한 하나의 은유로 '뱀파이어가 되기로 하는 선택'을 이야기한다. 뱀파이어가 되기 전에는 그게 어떤 것일지 제대로 상상할 수 없다. 우리가 경험해 본 세상에는 피를 마셔야만 목숨을 부지하고 햇빛이 비칠 땐 관에 누워 잠을 자는 상황이 벌어지지 않기 때문이다. 음침하게 들리는가? 그렇지만 당신이 만나 본 뱀파이어들은 대부분 아마도 전원이 뱀파이어로서의 경험을 아주 대단한 것처럼 말한다. 뱀파이어들을 대상으로 설문조사를 해 보면 행복도가 아주 높은 것으로 나온다.

하지만 그게 당신에게도 좋을까? 알지 못하는 타인들의 경험치의 평균이 아니라 진짜 당신에게 말이다. 피와 살을 가진 인간인 당신이 실시간으로 그 경험을 하며 살게 된다면? 그렇다. 질문이 달라진다. 이 부분에 대해서는 아무런 데이터가 없다. 그리고 이 데이터를 얻을 수 있는 유일한 길은 그냥 믿고 뱀파이어의 세계로 뛰어드는 수밖에 없다. 그렇게 믿고 뛰어들었는데 헤모글로빈으로 가득한, 액체로만 구성된 식사가 마음에 들지 않는다고 해도 돌이킬 방법은 없다.

이 의사 결정 문제에서 이상한 지점 중 하나는 폴이 지적하고 있듯이 일단 뱀파이어가 되고 나면 당신의 호불호가 바뀐다는 점이다. 인간일 때 당신은 나르시시즘을 극도로 혐오했을 수도 있다. 그러나 뱀파이어들은 나르시시즘이 신선하다고 생각한다. 그리고 뱀파이어가 아니었던 시절의 자신을 돌아보며 그처럼 겸손했던 것을 경멸한다. 무엇이 나에게 최선인지를 판단할 때 고려해야 할 '나'는 다음 중 어느 쪽인가? '지금의 나'인가, '나중의 나'인가?

바보처럼 들리지만 우리가 만나는 답이 없는 문제의 다수가 바로 이런 식이다. 결혼을 할 것인가. 자녀를 가질 것인가. 새로운 종교를 믿을 것인가. 어릴 때부터 믿던 종교를 떠날 것인가. 수많은 의사 결정이 돌이킬 수 없다는 사실을 내포한다. 새로운 경험을 하고 나면 당신은 지금으로서는 상상할 수 없는 모습으로 바뀔 것이다. 관심사도 바뀔 테고, 당신에게 기쁨이나 슬픔, 다정함, 서운함, 빛과 그늘을 주는 대상이 모두 바뀔 것이다. 사진작가 제시카 토드 하

당신이 일단 미지의 세계에 뛰어들면
상상하지도 못했던 것을 발견하게 될 것이다.
그것은 새로운 세상이 아니라
새로운 경험으로 완전히 달라진 자신이다.

퍼Jessica Todd Harper는 그녀의 가족 사진집 《홈 스테이지The Home Stage》에서 부모가 되는 것을 이렇게 표현했다. "새로운 이상한 세상에 들어와 있었다. 우리 아이들이 써 내려가는 세상이었다. 이 아이들이 생기기 전에 내가 과연 이토록 애지중지했던 게 있었나 싶었다."

다윈이 작성한 목록은 결혼에 대해서가 아니라 다윈에 관해 많은 것을 알려 준다. 다윈이 작성한 장단점(특히 장점) 목록은 결혼을 한 번도 해 보지 않았고 정신세계라는 측면에서 기혼 남성이 유리한 점이 무엇인지 전혀 알 길이 없는 사람이 작성했을 법한 내용이다. 결혼과 관련해 그가 부정적으로 생각하는 내용(유배 생활! 게으른 바보로 전락!)이 그처럼 강조되어 있고, 긍정적인 내용(여성과의 수다)이 그처럼 시시하게 표현된 데는 이런 무지도 한몫하고 있다.

그리고 다윈의 목록에는 시간을 얼마나 뺏길지와 어디에 살아야 할지에 관한 문제 말고는, 타인과 삶을 공유하게 됨을 시사하는 내용이 거의 전무하다. 장단점은 모두 그의 감정 또는 그가 겪을 것으로 예상되는 경험에 관한 것뿐이다. 어쩌면 여러분은 이게 합당하다고 생각할지도 모른다. 당연히 그에게 일어날 일이 중요한 것 아닌가.

다윈의 목록에는 다른 한 인간을 향한 헌신이나 사랑이라든가, 아니면 (19세기의 표준이었던 것처럼) '죽음이 갈라놓을 때까지' 평생 한 사람에게 충실함으로써 얻는 기쁨이나 고통에 관한 내용이 전혀 없다. 내가 아닌 남을 행복하게 하는 기쁨이라든가, 배우자의 슬픔을 위로할 기회 같은 것에 관한 내용은 일절 없다. 수다 말고는 아내의 존재와 헌신이 그에게 어떤 영향을 미칠지에 관한 내용도 없다. 내가 아끼고 나를 아껴 줄 누군가와 함께하는 삶에 대한 것이라고는 "사랑받고 함께 놀 대상(어쨌든 강아지보다는 나음)"이라는 부분뿐이다. 온통 그 자신에 관한 내용이다. 이해는 간다. 다윈은 배우자를 가져 본 적이 없기 때문이다. 누군가와 삶을 공유한다는 게 얼마나 큰 힘이 되는지 그가 무슨 수로 알겠는가?

이는 결혼이라는 책임을 받아들였을 때 힘든 부분에 관한 내용에서도 마찬가지다. 아내가 살고 싶은 지역에서 살아야 한다거나 아내의 친척들과 시간을 보내야 한다는 것 말고는 아무 언급이 없다. 불행한 결혼이 초래할지 모를 무형적 비용이라든가, 덫에 걸린 것처럼 본인 뜻대로 살지 못할 위험에 대해서는 언급이 없다. 불행한 결혼을 벗어날 수 없다고 느끼는 사람의 고통은 단순히 일하고 싶을 때 마음껏 일할 수 없는 수준이 아니다. 단순히 보고 싶은 영화를 배우자가 싫어해서 못 본다거나, 휴가를 산으로 가고 싶은데 바다로 가야 하는 수준이 아니다. 결혼 생활이 불행한 사람은 무슨 일을 하고 뭘 경험하든 그 모든 걸 압도해 버릴 만큼 후회할 수 있다.

다윈의 목록은 결혼 생활의 외적인 측면만을 다루고 있다. 잃어 버린 열쇠를 가로등 불빛 아래에서만 찾고 있던 그 사람처럼, 다윈 의 목록은 청년인 그가 관찰했을 법한 내용에만 의지하고 있다. 미 혼인 그가 부부와 마주칠 일은 비교적 격식을 갖춘 자리에서의 짧 은 만남이 전부였을 것이다. 물론 그런 만남이라고 해서 아무 의미 도 없다는 뜻은 아니다. 하지만 겉으로 보이는 부분은 결혼 생활 전 체로 따지면 너무나 작은 일부에 불과하다. 부부라면 다른 사람이 있는 자리에서 서로 다투거나 둘 사이의 문제점을 노출하지는 않으 려고 할 것이다. 그리고 더욱더 알 수 없는 부분은 집에서 둘만 있을 때 무슨 일이 벌어지는가 하는 점이 아니다. 오히려 알 수 없는 것 은, 결혼한 남녀가 각각 자신의 결혼 생활을 되돌아봤을 때 결혼이 본인의 자아감sense of self('나는 이런 사람'이라는 인식으로 '자기감'이라고도 한 다 —옮긴이)을 어떻게 바꿔 놓았고, 또 그 바뀐 자아감이 남은 인생에 어떤 파급 효과를 가져올 것이라고 생각하느냐 하는 점이다.

어느 부부와 즐거운 식사를 한 끼 같이 해 보면 두 사람이 어떻 게 지내는지, 과연 행복한지 알 수 있을지도 모른다. 그러나 두 사람 의 내면은 거의 알 수가 없다. 우리가 답이 없는 문제를 앞에 놓고 아무것도 알 수 없는 상태에서 '그냥 내가 믿고 뛰어들면 과연 어떤 세상에 살게 될까'를 아무리 상상해 본들 불일치가 생길 수밖에 없는 것은 바로 이 숨어 있는 내면세계 때문이다. 자녀를 가질지 말지 고민 중이던 나의 지인이나 그의 아내와 마찬가지로 미래는 불투명하고 그 미래의 상당 부분은 그저 '상상 불가'다. 싱글일 때는 결혼을 하고 부모가 된다는 게 제약은 많고 얻을 건 거의 없는 일처럼 보인다.

5년 전쯤에 나는 거의 완전한 침묵 상태로 보내야 하는 닷새짜리 명상 캠프에 참석하기로 했다. 나는 내가 과연 닷새 내내 말을 안할 수 있을지 걱정이 됐다. 말을 하지 못하는 스트레스가 오히려 정신 건강에 해로운 건 아닐까? 내가 닷새씩이나 이메일을 확인하지 않고 참을 수 있을까? 나는 명상이 처음이었다. 한 번에 45분씩, 거의 움직이지 않고 의자나 바닥에 앉아 있을 수나 있는 걸까? 그것도 하루에 몇 번씩, 침묵 상태로? 출발 날짜가 다가오자 나는 내가 닷새를 꽉꽉 채워서 이 프로그램이 시키는 대로 따를 수 있을지 의심스러웠다.

캠프에 도착하자 명상 시간에는 다른 참석자와 어떤 식으로도 교류하지 말라는 주의 사항을 전달받았다. 누가 울더라도(내가 그랬듯이, 사람들은 종종 명상 시간에 울곤 했다) 위로하거나 괜찮은지 묻지 말라고 했다. 식사 시간에도 침묵했다. 소금이나 후추, 물 같은 게 필요해도 건네 달라는 제스처를 해서는 안 되고 직접 일어나서 가지고 와야

했다. 복도에서 사람을 만나더라도 눈을 마주치거나 아는 척을 해서는 안 되었다.

재미있을 것 같은가? 그렇지 않았다. 하지만 지나고 보니 그때 캠프에 참가한 것은 내 인생에서 매우 특별한 경험 중 하나가 됐다. 이후로도 나는 그 캠프에 두 번을 더 참석했다. 캠프에 가면 감정이 벅차올랐다. 이 경험은 많은 생각, 특히 나에 대한 생각을 바꿔 놓았다. 캠프를 다녀오면 나는 한동안, 꽤 오래도록, 한결 부드러워졌다.

그 경험에 관해 이야기하면 사람들은 흔히 "나라면 못할 것 같아요. 닷새 동안 입을 닫는다니 미쳐 버릴 거예요"라는 식의 반응을 보인다. 그러면 나는 '말을 안 하는' 부분이 제일 쉬웠다고 알려 준다. 사실 말을 안 하는 것은 믿기지 않을 만큼 큰 자유를 주는 경험이었다. 하루하루 지날수록 침묵 속에서 보내는 시간은 더 강렬한 경험이 됐고 더 강력한 효과를 냈다. 깨어 있던 닷새 동안 내 삶은 뭐라 말로 표현하기 힘든 질감과 냄새를 가졌다. 그리고 가끔은 한 번도 겪어 보지 못한 짜릿함을 겪었다.

내가 어떻게 그런 캠프에 뛰어들겠다고 결정할 수 있었는지 궁금한 사람도 있을 것이다. 참석해 보기 전에는 나 역시 아무것도 알 수 없었는데 말이다. 비슷한 캠프에 참석해 본 딸이 어쩌면 내가 그런 캠프를 좋아할지도 모른다고, 그런 시간이 나에게 도움이 될 수도 있겠다고 생각했다. 가기 전에 나는 비슷한 캠프에 참석해 본 경험자들과도 얘기를 나눴다. 장기적으로 뭔가 좋은 영향이 있었냐고 물었더니 그렇다고들 했다. 그래서 나는 한편으로는 딸과 같은 경험을 공유함으로써 딸과 가까워지고 싶은 마음에, 또 다른 한편으로는 나에게도 뭔가 좋은 영향이 있기를 바라며 참석을 결정했다. 그러나 참석 전에 내가 이야기를 나누었던 사람 중 이 닷새가 정말로 어떤 느낌을 가져다주는지 나에게 제대로 표현해 줄 수 있었던 사람은 아무도 없었다.

　여러분더러 명상 캠프에 참석하라고 이 얘기를 꺼낸 게 아니다. 내가 이 얘기를 하는 이유는 여러분이 한 시간 동안 입을 다물고 있는 것과 명상 캠프가 아주 비슷할 거라고, 침묵하는 시간의 차이만 있을 뿐이라고 생각할까 봐서다. 예컨대 여러분도 강의를 들으러 가서 한 시간 동안 조용히 있어 본 적이 있으니 닷새간 묵언 캠프에 참석하는 게 어떤 경험인지 충분히 상상이 간다고 생각할까 봐서다. 그러나 침묵의 효과는 시간과 정확히 비례하지 않는다. 침묵이 매우 길어졌을 때 어떤 힘을 갖는지는 경험해 보기 전에는 결코 상상할 수 없다. 그리고 그런 경험을 해 보는 게 닷새 후의 당신을 어떻게 바꿔 놓을지도 상상할 수 없다. 지금 당장은 닷새(혹은 열흘 혹은 한달) 동안 침묵을 견딘다는 게 명백히 비합리적인 일처럼 보일 수도 있다. 그러나 당면한 선택 중 하나를 직접 겪어 봤을 때 어떤 느낌일지 알 수 없다면, 과연 뭐가 '합리적'인지는 정의하기 어렵다.

결혼, 특히나 자녀가 있는 결혼 생활을 '생활 공간을 타인과 공유해야 하고 그 타인들이 종종 내 시간을 함께 보내자고 요구하는 것'이라고 표현한다면, 이는 한참 모자란 설명이다. 결혼은 단순히 '상대 곁에 오랜 시간 있어 줘야 하는 것'이 아니다. 그런 사람은 룸메이트지, 아내나 남편을 표현하는 말이 아니다. 룸메이트와 잠을 자는 사이라고 해도, 여전히 저 말은 누군가와 오랫동안 결혼 생활을 하는 게 어떤 것인지 제대로 포착해 낸 것이 아니다.

밖에서 안을 들여다보고 있던 다윈에게 결혼은 '앞으로 내가 뭘 포기해야 하는가'가 상상할 수 있는 것의 거의 전부였다. 실제로 결혼 생활에는 여러 가지 제약이 따른다. 결혼을 하면 원하는 곳에 살지 못할 수도 있고, 런던을 떠나야 할 수도 있다. 내 시간을 내 마음대로 쓸 수도 없다. 그러니 결혼은 더 이상 늘 하던 대로 가을과 겨울에 일요일마다 9시간씩 미식축구를 볼 수는 없다는 뜻일 수도 있다. 성생활의 자유도 줄어들 것이다. 온통 할 수 없는 것투성이다.

그렇다면 자녀를 갖는다는 건 무슨 뜻일까? 할 수 없는 게 훨씬 더 많아진다는 뜻이다. 부모가 된다는 건 더 이상 제대로 된 휴가를 갈 수 없다는 뜻이다. 새로 출시된 저 차는 뒷좌석이 없어서 살 수가 없다. 게다가 자녀를 대학에 보내려면 저축도 해야 하고, 아이 봐 주는 사람에게 월급도 줘야 하고, 기저귀도 사야 하니 저 차를 원한다고 한들 어차피 살 여유도 안 된다. 부모가 된다는 건 친구들과 놀러 나간 10대 자녀가 안전하게 집으로 돌아온 것을 확인할 때까지 잠자리에 들 수 없다는 뜻이다.

그리고 여기까지가 겨우 남자에게 해당되는 내용이다. 여자라면 목록은 훨씬 더 길어진다. 임신했을 때 먹을 수 없는 것들, 마실 수 없는 것들, 임신으로 인한 건강상의 부작용, 출산 시 사망 위험도 있다. 그리고 지금의 우리 문화에서는 일과 가정 사이의 트레이드오프가 남자의 경우보다는 여자가, 엄마가 되기 전보다는 된 후가 훨씬 더 힘들다. 이런 걸 대체 누가 원할까?

톰 치버스의 책 《은하수를 여행하는 합리주의자를 위한 안내서The Rationalist's Guide to the Galaxy》를 보면 카챠 그레이스Katja Grace의 스토리가 나온다. 인공지능이 우리에게 미칠 영향력을 연구하는 카챠 그레이스는 인터뷰 당시 아이를 가질까 생각 중이었다. 그래서 아기가 생긴다는 건 어떤 건지 이해해 보려고 로봇 아기를 구해 왔다. 로봇 아기는 자리에 눕히기만 해도 울고, 한밤중에도 몇 차례씩 울어젖혔다. 젖을 먹이거나 기저귀를 갈아야 해서 잠을 못 자는 게 어떤 건지 제대로 시뮬레이션을 해 주었다.

치버스는 이를 두고 "현명한 실험"이라면서 육아가 그레이스에게 맞는지 판단하는 데 도움이 됐을 거라고 말한다. 나는 동의하지 않는다. 로봇 아기를 돌보는 것과 실제 육아가 얼마나 힘든지 이해하는 것은 짧은 강연을 듣는 동안 조용히 하는 것과 닷새 동안 묵언 수행을 하는 것 사이의 차이만큼이나 동떨어진 일이다. 엘리자베스 스톤Elizabeth Stone이 가슴 아프도록 잘 표현한 것처럼 말이다. "자녀를 갖겠다는 것은 어마어마한 결정이다. 이는 내 마음이 영원히 내 몸 밖을 돌아다니게 하겠다는 뜻이다."

부모가 되는 것의 좋은 점도 마찬가지다. 겉으로 보면 자녀가 있는 부부들은 엄청난 실수를 저지른 바보들이다. 대체 좋은 점이 뭐란 말인가? 못생긴 그림을 마치 대단한 잠재력의 신호인 것처럼 냉장고에 붙여 놔야 하는 것? 찬 바람이 쌩쌩 부는 곳에서 점수도 나지 않는 축구 경기를 몇 시간씩 지켜보는 것? 경기 내내 다른 부모들이 뭉쳐 있지 말라고 고함지르는 소리를 듣는 것? 키가 작고 글을 못 읽는 2세에게 잠들기 전에 동화책을 읽어 주는 것? 미니밴을 살 핑계가 생기는 것? 자녀가 부모에게 요구하는 희생에 비하면 그에 대한 보상은 보잘것없어 보인다.

미니밴 대목은 농담이지만, 실제로 가끔은 보상이 전혀 보상이 아니다. 오히려 고문이다. 이것 때문에 이혼하는 사람들도 있다. 육아를 정말로 부정적으로 보는 시각이 궁금하다면 영국의 시인 필립 라킨이 쓴 〈이렇게 써봤어This Be the Verse〉를 한번 읽어 보라. 다만 라킨에게는 평생 자녀가 없었다. 반면에 독신으로 사는 게 어떤 것이고 뭐가 좋은지는 겉으로 봐도 일반적으로 알 수 있다고 생각한다. 그에 비해 헌신하겠다는 약속을 지키고 여러 가지 제약을 받아들이는 게 왜 좋은지는 상상하기가 쉽지 않다. 적어도 다윈에게는 그랬다.

다윈처럼 결혼을 하거나 부모가 되는 게 나에게 맞을지 고민 중이라면 결혼한 친구와 이야기를 나눠 보는 것도 나쁜 생각은 아니다. 친구가 그 장단점을 기꺼이 알려 줄 마음만 있다면 말이다. 하지만 기혼자들이 본인이 경험한 결혼 생활을 기꺼이 알려 주려고 하는 경우는 아주 드물다. 그 이유는 이렇다. 첫째, 이는 지독히 개인적이고 내밀한 부분이다. 둘째, 많은 경우 우리 같은 기혼자들은 결혼으로 인해 내가 어떻게 바뀌었는지에 대해 자각이 거의 없을 수도 있다. 이 문제에 관한 책을 쓰는 게 아닌 이상, 기혼자들이 많이 생각해 보는 주제가 아니기 때문이다. 셋째, 내 생각에는 많은 기혼자들이 결혼 생활의 장단점을 정직하게 이야기하기를 거북해한다. 어쩌면 본인의 결혼 생활이 성적으로나 정서적으로나, 일주일 내내, 하루 종일 사랑이 넘치는 축복은 아니라는 사실을 타인은 물론이고 스스로에게조차 인정하는 게 부적절하다고 생각할 수도 있다.

그리고 넷째, 자각이 있다고 해도, 기꺼이 알려 줄 마음이 있어도 그런 감정들을 말로 옮기는 게 쉽지 않을 것이다. 그 감정들이 진짜가 아니라서가 아니라, 혹은 결혼 후 표현력이 감퇴해서가 아니라 인간관계를 둘러싼 감정이라는 게 필연적으로 복잡 미묘할 수밖에 없기 때문이다.

독신인 다윈은 결혼을 하면 커리어를 망치게 될 거라고 생각할 수도 있다. 결혼을 한 다윈은 결혼 생활 그 자체가 주는 만족감에 더없는 행복을 느끼면서 오히려 더 생산적인 학자가 될 수도 있다. 어쩌면 다윈은 지금 상상하는 것보다 수다를 훨씬 더 좋아하게 될지도 모른다.

만약에 부모가 되는 게 어떤 거냐고 다윈이 내게 물어볼 만큼 잘 아는 사이였다면, 나는 벽난로의 불이 다 식고, 하늘이 다시 밝아 오고, 가로등이 다 꺼지고, 해가 떠올라 런던의 안개를 말끔히 걷어 낼 때까지 이야기할 수 있었을 것이다. 자녀를 갖게 되면 자신의 부모에 대한 유대감이 생긴다고, 이전 같으면 상상도 하지 못했을 방식으로 부모와 가까워진다고 이야기했을 것이다. 인간이 겪을 수 있는 그 어떤 경험과도 다른, 하나의 대업이라고 말했을 것이다. 일종의 불멸 같은 거라고. 당신을 바꿔 놓을 거라고, 세상을 보는 방법이 바뛸 거라고 말해 주었을 것이다.

숨겨져 있던 셰익스피어의 희곡이 한 편 발견됐다고 상상해 보라고 했을 것이다. 혹자는 셰익스피어의 최대 명작으로 한 번도 보지 못한 강력한 힘을 가진 희곡이며, 날것 그대로의 감정과 열정, 유머, 익살, 실망, 용기, 두려움, 웃음, 그리고 가장 순수한 형태의 기쁨이 가득한 작품이라고 말한다. 그런데 그 연극을 오늘 밤에 볼 수 있다고 한다.

"가시겠어요?"

"희극인가요, 비극인가요?" 다윈이 묻는다.

"아, 어쩌죠? 이 연극을 본 사람들은 도통 말이 없네요. 아니면 말해 줄 수 없나 봐요. 너무 강렬하대요. 공연 때마다 결말이 달라져서 리뷰를 읽어 보는 것도 아무 의미가 없어요. 정말 볼 만할 텐데. 그 자리에 함께해 보시겠어요? 그 어디서도 보지 못할 빛을 가득 선사할 수도 있지만, 가슴을 찢어 놓거나 눈물을 쏟게 만들 수도 있어요. 아, 그리고 운이 좋다면 당신이 사랑하는 사람이 그 어둠 속에서 내내 곁을 지킬 거예요. 극적인 사건들을 함께 나누며, 같이 울고 웃는 거지요.

모든 사람이 이 연극을 감당할 수 있는 건 아니에요. 모두가 감당하고 싶어 하는 것도, 그럴 기회가 모두에게 주어지는 것도 아니에요. 하지만 정말로 부모가 된다면, 이 드라마의 끝이 어떻게 된다 한들 그 무엇과도 비교할 수 없을 만큼 당신의 가슴을 가득 채워 줄 거예요. 저는 이 연극을 정말로 좋아하지만, 그건 제 경우이고 당신은 아닐 수도 있어요."

도움이 좀 되었는가? 아마 아닐 것이다. 답이 없는 문제란 바로 이런 것이다. 인생의 중요한 선택을 내리려고 할 때 저런 이야기가 부담을 좀 덜어 줄 것 같은가? 어쩌면 그럴지도 모른다. 이 부분에 대해서는 나중에 다시 이야기하자.

우선은, 지금의 다원은 합리적인 의사 결정을 내리는 '척'할 수밖에 없다는 사실을 깨달아야 한다. 첫째, 다원은 실제 비용과 혜택이 무엇인지(특히 혜택 부분을) 제대로 상상할 수가 없다. 직접 겪어 보기 전에는 알 수 없기 때문이다. 둘째, 다원은 뱀파이어 문제를 해결하지 못했다. 어느 쪽의 의사가 중요한가? 결혼 전의 다원인가, 결혼 후의 다원인가? 결혼을 하고 자녀를 갖는 게 어리석은 짓처럼 보일 수도 있다. 그런데도 많은 부모가 자녀가 있어서 기쁜 듯이 보인다. 어쩌면 그들이 그냥 스스로를 속이고 있는 것일 수도 있다. 그런데 그 부모들이 본인의 경험에 대해 진실을 이야기하고 있다고 해도, 다원은 과연 자신도 똑같은 경험을 하게 될지 어떨지는 알 수 없다.

그리고 그냥 믿고 뛰어들어 보기 전에, 결혼을 하고 자녀를 갖는 게 어떤 것인지 상상을 해 보려고 하면, 세 번째 문제가 발생한다. 자녀가 없는 독신남의 시선에서 결혼과 부모 됨의 실상을 파헤쳐 보려는 다윈의 시도에는 무언가 빠진 것이 있다. 이 책에서는 앞서 힌트를 주었지만, 다윈의 목록에는 전혀 없는 그것 말이다.

과연 무엇이 빠져 있는지, 답이 없는 문제와 씨름했던 다른 몇몇 과학자와 분석적 사상가들을 살펴보기로 하자. 표면적으로 보면, 중대한 결정을 내릴 때 이들은 합리성보다는 감정을 앞세우는 것처럼 보인다. 하지만 조금만 더 가까이 들여다보면 이들의 선택은 결코 비합리적이지 않다. 오히려 어떻게 살아야 하는가에 관해 심오한 무언가를 알려 준다.

4장

천재들의
생각법

세상에서
가장 어려운
계산을 푸는
101가지 방법들

66

나는 천재가 아니다.
나는 그냥 어마어마한 경험의 묶음일 뿐이다.
- 버크민스터 풀러 Buckminster Fuller

99

학자나 과학자들은 과연 답이 없는 문제를 어떻게 바라볼까? 이들의 방식을 살펴보면 우리도 인생의 큰 결정을 내려야 할 때 가로등 아래가 아닌 그늘진 곳을 살필 수 있을 것이다. 가장 먼저 만나 볼 사람은 스탠퍼드 대학교의 수학 및 통계학 석좌 교수 퍼시 다이어코니스Persi Diaconis다. 미국 국립과학아카데미NAS 회원인 그는 승산, 위험, 확률을 연구한다. 그렇다면 그는 분명 답이 없는 문제에서 훌륭한 의사 결정을 내리는 데 필요한 툴을 잔뜩 보유한, 상당히 합리적인 사람일 것이다. 하지만 그는 개인적으로 답이 없는 문제를 만나면 자신이 연구하는 합리적 접근법은 내다 버린다고 고백했다. 다음은 의사 결정에 관한 어느 강연에서 그가 들려준 일화다.

몇 년 전에 제가 스탠퍼드에서 하버드로 옮길지 말지 한참을 고민 중이었습니다. 끝도 없이 상의만 하면서 친구들을 지루하게 만들었죠. 마침내 친구 중 한 명이 이렇게 말하더군요. "자네는 의사 결정 이론에 관한 세계 최고의 학자 중 한 명이잖아. 비용-혜택 목록을 작성해서 자네의 기대 효용이 얼마나 되는지 대략적으로나마 계산을 해 봐." 생각할 겨를도 없이 제 입에서는 이런 말이 불쑥 튀어나왔습니다. "이봐, 샌디. 나 지금 심각하다고."

농담처럼 들린다. 커리어의 한가운데서 지금과 옮겼을 때의 기대 비용과 혜택을 저울질하며 이직 여부를 따져 보는 것보다 더 심각한 일이 또 있을까? 그러나 다이어코니스는 그 당시 웃기려고 한 말은 아니었다고 인정한다. 결정을 앞두고 감정이 오락가락하는 상태에서 그의 대답은 불쑥 튀어나온 것이었다. 그는 기대 효용을 계산하기가 왜 그토록 어려웠을까?(기대 효용이라는 경제학 용어는 저 길이 아니라 이 길을 선택한 결과에 대해 내가 어떤 느낌을 갖게 될지 최선을 다해 추측해 보는 것을 뜻한다.)

이 일화를 들려주었던 강연에서 다이어코니스는 의사 결정을 연구하는 학자가 말했다고 믿기에는 더욱 충격적인 이야기를 한다. 그는 우리가 실제로 비용-혜택 목록을 꼭 만들어 봐야 하지만, 그것이 비용이나 혜택을 합리적으로 평가해 보기 위한 것은 아니라고 말한다. 그는 오히려 '내가 정말로 추구하는 것'이 뭔지 알아내기 위해 목록을 작성해야 한다고 주장한다. 즉 내 마음이 어느 쪽에 있는지 알아보라는 것이다. 이상한 말이다. 내가 정말로 추구하는 것이 뭔지 알아내려고 할 때 바로 그 비용-혜택 목록을 작성해서 혼자 차분히 합리적으로 심사숙고하며 평가하는 것보다 더 나은 방법이 있단 말인가?

그런 다음 다이어코니스는 물리학 교육을 받은 수학자 피트 하인Piet Hein의 시 〈심리학적 팁 하나A Psychological Tip〉를 인용한다. 피트 하인은 같은 덴마크 출신인 위대한 물리학자 닐스 보어와 함께 그가 '정신적 핑퐁'이라고 부른 것을 하며 놀았던 인물이다. 그러니까 하인은 논리, 추론, 분석적 사고, 합리성에 관한 한 둘째가라면 서러운 사람이었을 것이다.

이 시에서 하인은 딜레마에 봉착했을 때 결심이 서지 않으면 동전을 던지라고 말한다. 동전의 결과를 따르기 위해서가 아니라, "내가 지금 바라는 게 뭔지"(그의 표현이다) 알아내기 위해서다. 일단 동전이 돌아가기 시작하면, 내가 지금 어느 쪽의 결과를 바라고 있는지 느낌이 올 것이다. 다시 말해 '당신의 충동적인 반응을 따르라'. 이 말은 어쩌면 당신의 마음 혹은 직감을 따르라는 뜻일 수는 있지만, 결코 당신의 '생각'을 따르라는 말은 아니다. 우와! 수학자이자 과학자인 사람이 뭐 이런 조언을 할 수가 있지?

피비 엘즈워스Phoebe Ellsworth는 미시건 대학교 심리학과 교수이자 미국예술과학아카데미AAAS 회원이다. 엘즈워스는 다이어코니스를 괴롭혔던 것과 똑같은 문제, 즉 재직하는 대학을 옮길 것인가 하는 문제에 직면했을 때 자신도 비슷한 반응을 보였었다고 인정한다. 엘즈워스는 '어브 재니스 비교표Irv Janis Balance Sheet'라는 것을 언급하는데, 실은 비용-혜택 목록을 좀 더 근사한 이름으로 부른 것에 불과하다.

어브 재니스 비교표를 반쯤 작성하던 나는 이렇게 중얼거렸다.

"아, 젠장. 결과가 이렇게 나오면 안 되지! 장점 몇 개를 저쪽으로 옮길 방법을 찾아야 해!"

합리성이라는 게 기껏해야 뭐 이렇다는 얘기다. 적어도 겉으로는 그렇게 보인다. 위 문장을 그대로 인용해도 되겠냐고 물었더니,

엘즈워스는 이메일로 확인해 주면서 다음과 같이 덧붙였다. 의식적이든 아니든 피트 하인의 아이디어를 참조한 것으로 보인다.

제 생각에는 체크리스트를 한번 만들어 볼 만한 게, 그런 목록이 감정 반응을 자극해서 내가 정말로 원하는 게 뭔지 알려 주니까요. 동전 던지기처럼 말이에요. 어느 한쪽으로 마음이 쏠려 있지 않다고 생각했겠지만, 동전이 나온 걸 보고 실망스럽다면 '아, 실은 내가 원하는 쪽이 있었구나'를 알게 되죠.

그런데 합리적인 사람이 왜 자신의 감정 반응이 어떤지 살펴보고 싶어 할까? 엘즈워스가 말하는 내가 정말로 원하는 것이 대체 뭘까? 내가 정말로 원하는 건 나를 가장 행복하게 만들어 줄 선택 아닌가? 혜택이 비용보다 더 큰 선택 말이다. 그 반대가 아니라.

그러면 다시 찰스 다윈으로 돌아가 보자.

다윈과 대화를 나눈 다음 날 아침, 나는 그에게서 쪽지를 하나 받는다고 상상해 본다. 다윈은 하룻밤 찬찬히 자신의 딜레마를 생각해 보다가 결정을 내렸다며 나에게 다시 와 줄 수 있냐고 묻는다. 폐가 되는 줄은 알지만 내 조언이 큰 도움이 되었다면서 내 의견을 듣고 싶어 한다.

그날 밤 사교 클럽에서 저녁 식사를 마친 나는 다시 한번 그레이트말버러가로 향한다. 그리고 계단을 올라 다윈의 집 응접실에 도착해서 다시 한번 이 위대한 인물 앞에 선다. 지난번처럼 우리는 난로 앞에 놓인 근사한 의자에 각자 자리를 잡는다. 불빛에 다윈의 얼굴이 환하게 빛난다. 지난번처럼 조그만 크리스털 술잔에 담긴 라프로익이 나를 기다리고 있다.

짧은 인사 몇 마디가 오가고(다윈은 다시 와 줘서 고맙다고 하고, 나는 천만의 말씀이라며 도움이 되어 기쁘다고 말한다) 다윈은 전날 밤 보여 주었던 종이쪽지를 다시 건넨다. 그가 '결혼한다'라고 쓴 칸의 아래쪽에 몇 줄이 추가되어 있다. 그의 생각을 요약해 놓았는데 거의 제임스 조이스(의식의 흐름 기법으로 유명한, 아일랜드의 소설가. 《율리시스》, 《더블린 사람들》, 《젊은 예술가의 초상》 등을 썼다. — 옮긴이)에 버금가는 의식의 흐름이다. 전날 밤 우리의 대화가 끝난 후, 그가 서성거리며 혼잣말하는 모습이 눈에 선하다.

세상에, 일평생 일벌처럼 일만 하고 아무것도 남지 않는다는 건 참을 수 없는 일이야. 아니, 안 돼. 그건 안 되지. 종일 시커멓고 더러운 런던 집에서 혼자 지낸다고 생각해 봐. 착하고 다정한 아내가 소파에 앉아 있고, 장작이 예쁘게 타오르고, 책이 놓여 있고, 어쩌면 음악까지 흐를 거야. 그거랑 그레이트말버러가의 칙칙한 현실을 한번 비교해 봐.

그런 다음 이 위대한 과학자는 '결혼한다' 칸의 제일 아래에 이렇게 써 놓았다.

결혼한다 — 결혼한다 — 결혼한다. 증명 끝$_{Q.E.D.}$

"칙칙한?" 나는 주위를 둘러보았다. 그래, 뭐 조금. 찰스 다윈과 대화할 기회가 있다면 실내 장식이 눈에 들어오기는 힘들 것이다. 다윈과 칙칙함이라니, 꽤나 재미난 조합이다. 다윈이 써 놓은 '증명 끝$_{Q.E.D.}$'이라는 단어가 나를 사로잡았다. '*Quod Erat Demonstrandum.*' '이걸 증명하려고 했다', 즉 증명이 끝났다는 뜻이다. 나는 다윈이 그의 의사 결정이 과학적인 것이었던 양 가식을 부렸다고는 생각하지는 않는다. 다만 과학자로서 저렇게 써 놓는 게 마음이 편했을 것이다. 어찌 보면 그는 자신의 문제를 풀었다. 결정을 내렸으니 말이다.

그리고 어느 모로 보나 그는 수중의 정보를 무시하고 잘못된 결정을 내렸다. 그가 아는 내용과 써 놓은 글들을 생각한다면, 대체 어떻게 결혼하겠다는 결론이 나올 수 있단 말인가? 대체 무엇이 그를 '결혼한다' 칸으로 등 떠밀었을까? 착하고 다정한 아내가 소파에 앉아 있는 소박한 그림? 그리고 일할 시간이 많아지는 건 왜 갑자기 불쾌한 일이 되어 버렸을까? 전날 밤만 해도 결혼과 자녀로 인한 시간 손실이 다윈의 결혼에 가장 큰 장애물이었는데 말이다. 또 아내가 시골을 선호한다면 '유배'당하게 된다고 걱정할 만큼 그가 집착했던 런던은 어떻게 아무 매력 없는 '시커멓고 더러운 런던'으로 바뀌었을까?

역사상 가장 위대한 과학자 중 한 명이 갑자기 실성해서 본인의 직업에 전혀 어울리지 않는 일을 저지른 것인가? 그칠 줄 모르는 성실함과 호기심으로 위대함의 경지에 이른 과학자가?

그러나 다윈은 자신의 직감을 따르고 데이터는 무시하기로 한 것 같았다. 데이터라고 해 봐야 어차피 불완전할 테니 말이다. 다윈도 피비 엘즈워스의 고백처럼 행동했다. 즉 결혼의 부정적 측면이 너무 많아서 "결과가 제대로 나오도록" 마음속에 긍정적인 측면을 몇 개 추가한 것이다. 현명한 결정이라고 스스로를 다독이기라도 하듯 "결혼한다"라는 단어를 세 번이나 쓴 것을 보면 그는 열심히 우기고 있었다. 그가 시도하지 않은 것이라고는 결혼이 진정으로 원하는 것인지 알아보려고 1실링짜리 동전을 공중에 던져 보지 않았다는

무엇을 어떻게 해야 할지 결정을 내리기 힘들다면,
동전을 던지라.
일단 동전이 돌기 시작하면,
내가 지금 어느 쪽의 결과를 바라고 있는지 깨닫게 될 것이다.

것뿐이었다. 실제로 내가 그 자리에 있었던 것은 아니지만, 케임브리지 대학교 도서관의 다윈 기록보관소에 보존된 그의 일기를 보면 정말로 "결혼한다 — 결혼한다 — 결혼한다"라는 문장과 칙칙한 집에 대한 언급이 적혀 있다. 내가 이 책에 써 놓은 다윈의 말들은 모두 그 일기장에 친필로 적혀 있는 그대로다.

평범한 사람들은 의사 결정을 내리는 데 어려움이 있다. 그럴 때면 우리는 사후에 앞뒤를 연결해서 인과 관계를 만들어 내기도 한다. 그렇게 만들어 낸 이야기를 자신에게, 또 남들에게 들려주며 내가 저지른 일 혹은 계획하는 일을 정당화한다. 하지만 다이어코니스나 하인, 엘즈워스는 평범한 사람들이 아니다. 이들은 위대한 학자, 과학자, 수학자, 통계학자다. 그런데도 겉으로 보기에 이들은 비합리적으로 행동하는 것처럼 보인다.

그러나 나는 이들이 '이성을 무시하라'고 말하고 있는 건 아니라고 생각한다. 오히려 이들은 경험이나 느낌 말고도 우리에게 중요한 게 있다고 말하고 있다. 답이 없는 문제에 직면했을 때 미래에 느끼게 될 감정 말고도 고려해야 할 것들이 있다고 말이다.

사람들이 의사 결정을 내릴 때 사용하는 (다윈의 것과 같은) 기대 비용과 혜택 목록은 이 선택이 앞으로 나에게 어떤 느낌을 줄까를 요약해 놓은 것이 보통이다. 부모가 되거나 결혼을 하면 나는 더 행복

할까, 덜 행복할까? 나는 새 직장을 옛날 직장보다 더 좋아하게 될까? 오스틴과 보스턴에서 동시에 스카우트 제의를 받았는데 어느 쪽이 더 재미있고 만족스러울까? 보스턴은 해산물이 맛있으니까 추운 날씨를 보상하고도 남을까? 오스틴은 음악이 유명하니까 뉴잉글랜드 지역 같은 단풍이 없어도 괜찮을까?

이런 것들은 모두 기본적으로 공리주의적인 사고다. 공리주의적 접근법은 제러미 벤담에 의해 창시되었다. 1789년 처음 출간된 《도덕과 입법의 원리 서설》에서 벤담은 인간의 관심사가 두 가지, 즉 쾌락과 고통이라고 주장했다. 의사 결정을 내려야 한다면 여러 선택 중 고통에 비해 쾌락을 가장 많이 만들어 내는 게 어느 것인지 살펴보라. 벤담은 어떤 행동이나 정책의 결과로 만들어지는 해로운 점 이상의 좋은 점을 표현하는 말로 효용이라는 단어를 사용했다.

육체적 쾌락이든 정신적 쾌락이든, 우리를 기쁘게 하는 모든 것이 효용이다. 벤담은 이를 '혜택, 이점, 쾌락, 선, 행복'이라고 부른다. 표면적으로는 말이 된다. 의사 결정에 직면하면 우리는 최선의 선택을 내리려고 한다. 그리고 그 선택을 하려면 해당 선택으로 인해 앞으로 내가 어떤 느낌이 들게 될지 알고 싶을 것이다. 비단 육체적으로뿐만 아니라 정서적으로까지 말이다. 벤담의 접근법은 소위 합리적 선택을 바라보는 경제학자들의 시각의 근간이 됐다.

벤담의 관점에서 보면, 그리고 인간의 경험을 바라보는 경제학자의 관점에서 보면, 삶이란 거대한 놀이공원에서의 하루 같은 것이다. 가진 돈은 정해져 있고 탈 수 있는 놀이 기구의 수도 제한된다. 소득이 한정되어 있기 때문에 바라는 것을 모두 다 하거나 가질 수는 없다. 내가 좋아하는 놀이기구를 찾아내고 싫어하는 것은 피하는 것이 합리적이다. 어느 놀이기구를 한 번 더 탐으로써 얻는 쾌락이 처음 타 보는 다른 놀이기구에서 얻게 될 쾌락보다 더 클 것 같으면 앞선 그 기구를 한 번 더 타야 한다. 경제학자의 관점에서 삶의 목표는 소득과 시간이라는 제약 아래서 가장 큰 만족을 축적하는 것이다.

경제학자의 시선, 공리주의자의 시선에서 삶은 느낌의 연속이다. 기쁨과 절망, 고통과 쾌락. 그밖에 뭐가 더 있겠는가? 이게 삶 아닌가? 우리의 경험과 그 경험에 대한 우리의 느낌으로 이루어진 것.

그럴 수도 있다. 그러나 나는 다윈을 비롯해 이번 장에서 이야기했던 과학자나 학자들이 답이 없는 문제에 대처하기가 쉽지 않았던 데는 이유가 있다고 생각한다. 그것은 그들이 하루하루 혹은 순간순간의 감정(이 책에서는 '좁은 의미의 공리주의'라고 부르기로 하자)만이 우리의 유일한 관심사는 아니라는 걸 알고 있었기 때문이다.

달리 뭐가 있을 수 있단 말인가? 비합리적인 것 같은 이 과학자들이, 이성이 옳은 결정이라고 알려 주는 것을 놔두고 자신의 직관이나 본능을 따르기로 한 이유는 과연 뭘까?

인간의 관심사는 일상적으로 느끼는 그날그날의 쾌락과 고통을 넘어선다. 우리는 목적을 원한다. 의미를 원한다. 나 자신보다 큰 무언가에 속하기를 원한다. 우리는 열망한다. 중요한 사람이 되기를 원한다. 이런 전반적 느낌(행복 내지는 일상적 쾌락이라고 부를 수 있는 것을 넘어선 삶의 질감)이 내가 어떤 사람인지를 규정하고 나 자신을 어떻게 볼지를 결정한다. '잘 산 인생'의 중심에는 이런 동경이 있다.

잘 산 인생은 단순히 즐거운 인생이 아니다. 고대 그리스인들은 잘 산 인생의 조건을 '에우다이모니아eudaemonia'라고 불렀다. 종종 '행복' 또는 '만족'으로 번역되기도 하지만, 그런 단어로는 에우다이모니아의 뜻을 온전히 담아 내지 못한다. 영어로는 'flourishing'이 더 좋은 번역이다.

영어 'flourishing'이라는 단어에는 일상적으로 두 가지 뜻이 있다. 하나는 '성공적'이라는 뜻인데 보통 물질적, 금전적인 것을 의미한다(이때는 우리말로 흔히 '번영'이라고 옮긴다 — 옮긴이). 두 번째는 내가 이 책에서 사용하는 뜻인데 살아 있는 유기적인 것을 표현한다(이 책에서는 주로 '개인의 인간적 성장'을 뜻하는 단어로 사용되었으므로, '성장' 또는 '인간적 성장' 등으로 옮기기로 한다 — 옮긴이). 생명체가 'flourish'한다는 것은 감탄

할 만한 아름다운 것이 된다는 뜻이다. 인간은 자신의 환경을 최대한 활용해 인간으로서의 잠재력을 꽃피울 때 'flourish'한다(성장한다).

인간으로서 성장하는 것은 삶을 충만하게 사는 것이다. 이는 단순히 쾌락을 늘리고 고통을 피하는 게 아니다. 성장한다는 것은 진실성, 미덕, 목적, 의미, 존엄성, 자율성을 가지고 행동하며 살아간다는 뜻이다. 삶에서 계량화하기 어려운 측면들이지만 어쩌면 당신은 비용이 얼마가 되었든 이것들을 최우선에 놓을지도 모른다. 결혼을 하거나 자녀를 갖는 것은 그게 재미있거나 '그만한 가치'가 있기 때문이 아니다. 자녀를 갖는 이유는 단순히 당신 삶에 자녀로 인해 생길 쾌락과 고통의 총합 때문이 아니다. 자녀를 갖는 이유는 자녀로 인해 통장 잔고가 줄어든다고 해도 삶 전체가 더 풍요로워지기 때문이다.

답이 없는 문제 앞에서 우리가 내리는 선택들은 그저 미래의 비용과 혜택만 줄줄이 만들어 내는 게 아니다. 이 선택들은 우리가 어떤 사람인지를 규정하며, 결과가 좋을 때는 삶에 의미를 부여한다. 그리고 결과가 좋지 않을 때 힘들게 내 선택을 직시하는 것도 삶의 일부다. 답이 없는 문제의 경우에는 인간으로서의 성장이 큰 부분을 차지한다.

답이 없는 문제 앞에서 다윈과 같은 결정을 내리는 게 왜 그토록 어려운지 요약해 보면 다음과 같다.

인생에는 감정의 기복, 쾌락, 행복을 넘어서는
그 이상의 것이 있다.
자신을 충만하게 하고 자신답게 느끼게 해 주는
그 삶의 결을 찾아라.

- 다윈은 남편과 아버지로서의 일상, 특히 좋은 부분을 상상할 수 없다. 따라서 기대 비용이 기대 혜택보다 큰지 어떤지 평가할 수 없다.
- 다윈이 그의 일상을 상상할 수 있다고 해도 뱀파이어 문제를 만나게 된다. 일단 결혼을 해서 자녀가 생기면 그 비용과 혜택에 대한 느낌이 바뀐다.
- 마지막으로, 남편과 아버지가 된다는 것에는 단순히 삶의 일상적 경험을 넘어서는 측면, 이 책에서 '인간적 성장'이라고 부르는 측면이 있다. 다윈은 인간적 성장을 어떤 식으로 고려해야 할까?

경제학자가 쉽게 떠올릴 수 있는 한 가지 답은 인간적 성장의 여러 측면을 다윈의 비용-혜택 목록에 집어넣는 것이다. 나에게 중요한 것은 모조리 다 고려하는 게 합리적이지 않은가. 만족과 쾌락을 만들어 내는 것이라면 무엇이든지 말이다. 그렇다면 합리적 선택은 전체적으로 가장 큰 만족을 주는 선택일 것이다. 경제학 용어로 표현하면, 인간적 성장의 여러 측면을 '효용 함수'(내가 중시하는 것들의 척도)에 집어넣을 수는 없을까? 하지만 이 방법은 의외로 별 도움이 되지 않는다. 그 이유가 무엇인지 살펴보자.

5장

돼지냐,
소크라테스냐

탐욕스럽게 혹은
우아하게,
삶의 조건을
탐하는 법

66

인간이 추구하는 정말로 중요한 활동이나 인간관계, 지식은
대부분 개인이 온전히 이해해서 자신의 가치관에 녹여 낼 수 있다.
일단 한번 접할 기회만 있다면 말이다.
- 애그니스 캘러드Agnes Callard, 《열망Aspiration》

99

다윈의 목록을 다시 꺼내서 배우자나 부모로서의 삶에 좁은 의미의 공리주의(즉 일상적 장단점)를 넘어서는 요소들을 추가해 보자. 뒷장의 표를 보면, 알아보기 쉽게 인간적 성장과 관련된 요소에는 밑줄을 그었다.

인간적 성장과 관련된 측면들을 기대 비용과 혜택 목록에 추가하는 것은 얼핏 괜찮은 생각처럼 보인다. 어빙 재니스Irving Janis와 리언 맨Leon Mann도 두 사람의 책《의사 결정Decision Making》에서 내가 '좁은 의미의 공리주의적 고려 사항'이라고 부르는 것들과 함께 자기만

결혼의 장점	결혼의 단점
• 동반자가 생김	• 런던을 떠나야 할 수도 있음
• 함께 놀 상대로서 강아지보다는 나음	• 내 뜻대로 살 수 없음
• 음악이 주는 매력	• 사교 클럽에서 남자들과의 재치 있는
• 여성과의 수다	대화 불가능
• 더 의미 있는 삶	• 아내의 친척들을 즐겁게 해 주느라
• 내가 되고 싶은 것, 즉 남편이자 부모	시간 낭비
가 될 수 있음	• 아내의 친척들을 방문하느라 시간 낭비
• 노년에 나를 돌봐줄 자녀	• 역사상 가장 위대한 과학자 중 한 명
• 아내 덕분에 너무 강박적으로 일하지	이 되지 못할 수도 있음
않는다면 건강에 더 좋을 수도 있음	• 양육 비용
• 집을 돌봐줄 사람	• 자녀에 대한 걱정
	• 가족을 책임지는 데 따르는 일반적 걱정
	• 저녁에 독서 불가
	• 가족을 부양하기 위해서 돈이 되는
	직업을 가져야 할 수도 있음

족과 자기 불만을 항목으로 포함해야 한다고 이야기한다. 그런데 이게 도움이 될까?

단점 칸에 있는 항목으로 장점 칸의 항목을 지워 나가라는 벤저민 프랭클린의 아이디어는 대체 어떻게 적용해야 할까? 이는 거의 바보짓이다. 여러분이라면 더 의미 있는 삶을 살기 위해서 뭘 포기할 것 같은가? 여기까지만 질문해도 벌써 이런 반응이 나올지 모른다. "저기요, 저 지금 심각하거든요!" 도대체 어떤 쾌락이나 위안이 위대한 과학자(당신이 숙명이라 생각하는 것)가 되지 못한 것을 보상해 줄까? 이는 의사 결정을 잘 내릴 수 있는 유용한 전략이 아니라, "이쪽에 있는 세 가지가 저쪽에 있는 것들과는 결코 같지 않음"을 보여 줄 뿐이다.

그런데 이게 왜 그렇게 어려울까? 해변에서 일광욕과 독서를 즐기는 것과 며칠간 등산을 떠나는 것은 전혀 다른 방식의 휴가다. 그렇더라도 사람들은 보통 이 둘을 비교해서 한쪽을 선택할 수 있다. 그런데 왜 답이 없는 문제를 만났을 때는 인간적 성장과 일상적 쾌락이나 고통을 서로 견주어 보는 게 그토록 어려울까?

인간으로서의 성장은 양적으로도, 질적으로도 일상적 쾌락이나 고통과는 다르다. 양적으로 다른 이유는 목적이나 의미, 존엄성, 자의식은 멋진 식사나 펑크 난 타이어(즉 상대적으로 파급 효과가 작은 쾌락이나 고통)보다 우리의 전반적 행복에 더 중요하기 때문이다. 그리고 또 하나 핵심적인 차이점은 멋진 식사가 주는 쾌락이나 펑크 난 타이어가 주는 고통은 둘 다 순식간에 지나가 버린다는 점이다. 이런 것들은 왔다가 사라진다. 반면에 행복에서 인간적 성장과 관련된 부분들은 계속 그 자리를 지키며 일상적 경험 전반에 그림자를 드리운다.

'나'라는 사람의 본질적인 부분을 그날그날 느끼는 쾌락이나 고통과 비교하기는 어렵다. 본질적으로 내가 어떤 사람인가 하는 점은 오늘 혹은 내일 내 기분이 어떠한가를 초월하는 문제이기 때문이다. 목적, 의미, 존엄성, 배우자나 부모가 되는 것과 같은 삶의 측면들은 단순히 유쾌하고 불쾌하고의 문제가 아니다. 이것들은 우리를 규정하는 요소이며, 오늘 또는 어느 날이 아니라 우리의 모든 날을 지배한다.

존 스튜어트 밀은 이렇게 말했다. "만족한 돼지보다는 불만족한 인간이 되는 게 낫다. 만족한 바보보다는 불만족한 소크라테스가 되는 게 낫다." 내가 어떤 사람이고 어떻게 사느냐가 내가 뭘 경험하느냐보다 더 중요하다는 사실을 달리 표현한 말이다. 그런데 하버드 대학교의 심리학자 댄 길버트는 이에 동의하지 않는다. 길버트는 현재 학계에서 행복 전문가라고 부를 수 있는 사람에 가장 가까운 인물이다. 행복의 과학적 원리에 관한 그의 TED 강연은 조회 수가 1,900만이 넘는다. 그는 또한 유쾌하고, 사려 깊고, 재미있는 사람이기도 하다. 길버트는 정말로 중요한 것은 평생에 걸쳐 우리가 경험하거나 경험하지 못하는 행복이라고 주장한다.

길버트가 상상하는 상황은 이렇다. "나는 집에 있는 올림픽 규격 크기의 수영장에서 행복하게 수영하는, 창피를 모르는 쾌락주의자다. 시원한 물과 따뜻한 햇볕을 피부로 느끼면서 기분 좋다는 말밖에는 달리 표현할 길이 없는 쾌락의 상태를 즐기고 있다. 이따금 나는 수영장 밖으로 나와서 내 삶이 얼마나 공허한지 가만히 생각해본다. 몇 분간 기분이 안 좋다. 그리고 다시 수영장 안으로 들어가 또 수영을 한다." 그러니까 하루 23시간 동안 당신은 수영장에 있는 돼지처럼 행복하다. 하루 한 시간 당신은 철학자가 되어, 이 공허하고 돼지 같은 삶을 사색한다.

길버트는 두 관점이 각각 자기 완결적이라고 주장한다. 돼지일 때 당신은 수영장에서 수영을 하거나 맛있는 식사를 하거나 이성과의 짜릿한 만남을 즐기고 있다. 이때 당신은 삶의 의미나 자신의 정체성 따위는 생각하지 않는다. 즉 철학자적인 면모는 발동되지 않는다. 삶에 의미가 있는지 어떤지, 수영장에서 수영하는 게 과연 윤리적인지 내 가치관에 맞는지 따위는 잊은 채로 마냥 행복하다. 물론 하루 한 시간 당신 내면의 존 스튜어트 밀이 출몰할 때는 본질적으로 그런 삶을 살고 있다는 게 불편하다. 하지만 그때는 철학자가 되어 있는 상태이기 때문에 당신 내면의 돼지와는 연결이 끊어져 있고, 그래서 나머지 23시간 동안의 선택으로 느꼈던 쾌락의 가치를 제대로 고려할 수가 없다.

길버트의 결론은 두 개의 관점이 각각 서로를 개의치 않기 때문에(뱀파이어 문제와 비슷한 측면이 있다) 유형별로 각 경험에 동일한 가중치를 부여해야 한다는 것이다. 길버트는 돼지의 만족이든 철학자의 불만족이든, 어느 쪽이 되었든 지속 시간이 긴 경험이 승자가 되어야 한다고 주장한다. 결국 중요한 것은 돼지의 만족이나 철학자의 불만족이 얼마나 지속되느냐 하는 점이다. 만약 돼지로 있는 시간이 철학자로서 고뇌하는 시간보다 길다면 당신은 잘 살고 있는 것이다.

아마도 휴 헤프너(성인 잡지 《플레이보이》의 창간인 — 옮긴이)나 소크라테스 같은 일부 사람을 제외하면, 대부분의 사람은 창피를 모르는 쾌락주의자와 생각 많은 철학자의 면모가 어느 정도 섞여 있을 것이다. 우리는 삶의 쾌락을 즐긴다. 고통은 피하려고 하는 게 일반적이다. 하루하루 느끼는 쾌락의 가치를 제대로 평가하고 싶다면 소박한 만족을 한번 떠올려 보라. 성서에 나오는 예언자 미가가 훌륭한 삶이라고 했던 것, 즉 모든 사람이 걱정 없이 자기 집에 편안히 있는 모습을 떠올려 보라. 아니면 자녀가 첫발을 뗐을 때의 그 경이로운 경험이라든가, 좋아하는 등산을 하다가 올라선 언덕에서 구름을 헤치고 쏟아져 내리는 햇빛이 발아래 계곡을 비췄을 때의 그 아름다움을 한번 떠올려 보라. 이런 만족의 순간은 인간의 경험에서 중요한 한 부분임이 분명하다.

그러나 대부분의 사람은 그런 일상적 만족 혹은 쾌락의 순간 이상의 것을 바란다. 우리는 목적과 의미를 원한다. 윤리적으로 행동

고통은 인간을 성장시킨다.
당신에 대해 새로운 사실을 알려 주고,
당신을 더 단단히 만들어 주고, 마법 같은 일상을 선사한다.
이 모든 것은 마음이 찢어져야 경험할 수 있는 것이다.

하고 싶다. 친구나 가족과의 유대가 중요하다. 가까운 사람들에게 잘하고 싶다. 그리고 목적과 의미를 갖기 위해서라면, 옳은 일을 하기 위해서라면, 어느 정도의 고통은 기꺼이 감내할 것이다. 우리의 가장 중요한 선택의 중심에는 내가 어떤 사람이고, 나 자신을 어떻게 바라보고, 어떤 길을 갈 것이냐 하는 점이 있다. 존 스튜어트 밀의 얘기도 인간이라면 바로 그렇게 살아야 한다는 것이다.

수영하는 순간이 아무리 즐겁다고 해도, 대부분의 사람은 23시간 동안 수영장에서 수영하고 싶어 하지는 않는다. 수영이 끝난 후 뒤따라오는 한 시간 동안의 자기반성은 단순히 한 시간만큼의 실망감만 만들어 내는 게 아니다. 우리의 내면에는 그런 반성을 하게 만드는 자아나 어떤 욕구 같은 것이 있고, 이것들은 수영장 옆에서 몸을 닦을 때 문득문득 떠오르는 생각으로 그치지 않는다. 그것들은 앞으로 남은 모든 날 동안 후회와 실망으로 계속해서 우리를 괴롭힐 수도 있다.

언제가 되었든, 내가 결혼을 한 것이나 부모가 된 게 즐겁지 않은 날이 올 수도 있다. 실은 그런 날이 생각보다 많을 수도 있다. 좋은 날보다 오히려 안 좋은 날이 더 많은 배우자나 부모도 있을지 모른다. 그러나 대부분의 사람은 자신이 어떻게 살고 어떤 사람이 되고 싶은지를 결정할 때 길버트가 주장하는 것과 같은 다수결의 원칙에 따라 정하는 게 아니다. 평생 느낄 쾌락과 고통의 총량이 어느 쪽이 많을지 따져 본 다음에 결정하는 게 아니란 얘기다. 우리의 삶에는 일상적 경험 말고도 무언가가 더 있다. 만족스러운 삶, 잘 산 인생이란 단순히 쾌락과 고통을 합산했을 때 쾌락이 고통보다 커지도록 노력하는 삶은 아니다.

50년간 순수한 쾌락만 누리다가 20년간 후회와 수치심이 이어지는 삶은, 20년간 고생하다가 50년간 만족하는 삶과 절대 같지 않다. 좋은 시절이 먼저 오는지 나중에 오는지 타이밍이 중요하다는 사실은 좋은 삶이 단순히 비용과 혜택을 합산해서 어느 쪽이 더 큰지 살피는 삶이 아님을 암시한다. 우리에게는 하루하루의 쾌락과 고통의 합계 말고도 중요한 것들이 있다. 진심으로 소중하게 생각하는 무언가를 성취하기 위해서라면, 성취 뒤에 올 기쁨보다 고통의 지속 기간이 더 길다고 해도 어느 정도의 고통은 기쁘게 감내할 것이다.

대부분의 사람에게 뱀파이어가 된다는 것은 단순히 미지의 영역이기만 한 게 아니다. 그것은 부도덕한 영역이다. 그냥 믿고 뛰어들어서 뱀파이어가 된 모든 사람이 극도로 행복해하고 피를 마시지 않는 가엾은 인간들을 경멸한다고 해도, 많은 사람은 뱀파이어가 되는 것을 '잘못된 행동'이라고 생각한다. 영생을 얻고 밤마다 관에서 나오는 삶이 과연 얼마나 행복한지는 관심 없다. 우리는 그냥 그런 정체성을 원하지 않는다.

뱀파이어가 될지 말지는 사실 뭐 그렇게까지 답이 없는 문제도 아니다. 실은 명확한 답이 있는 문제다. 나는 뱀파이어가 되고 싶지 않다. 그건 부도덕한 일이다. 뱀파이어가 되기 전에 비해 뱀파이어가 된 이후의 행복 수준이 아무리 높다고 해도, 나는 전혀 유혹을 느끼지 않는다. 일단 한번 뱀파이어가 되고 나면 부도덕한 뱀파이어의 삶이 더 이상 신경 쓰이지 않을 거란 걸 알고 있지만, 그래도 나는 지극히 인간적인 내 양심을 보존하고 지금 이대로의 나 자신으로 남고 싶다.

비용과 혜택의 합계를 내는 것은 어떻게 살 것인가를 생각하는 올바른 방식이 아니다. 인간적 성장은 비용과 혜택만큼 명백해 보이지는 않을지 몰라도 일상적 쾌락과 고통 전반에 영향을 준다. 내가 '인간적 성장'이라고 부르는 부분은 우리의 일상적 경험을 초월하기도 하지만 한편으로는 일상적 경험을 더 가치 있게 만든다.

부모가 되면 내가 스스로를 바라보는 방식과 내 책임이라고 생각하는 부분이 바뀐다. 이런 자아감(부모라는 인식)은 일상적 경험을 초월한다. 이제부터 당신의 정체성은 단순히 당신이 경험하는 것 이상이다. 그러나 부모가 된다는 것은 일상적 삶을 더 소중하게 만들기도 하는데, 당신 삶의 일부인 새로운 존재가 생겼기 때문이다. 이

전 같으면 눈치채지 못했을 작은 일들이 마치 마법처럼 보인다. 일상의 질감이 달라진다. 모든 게 핑크빛이라는 얘기는 아니다. 겪지 않아도 되었을 걱정과 고통도 생긴다. 당신은 돌이킬 수 없는 방식으로 다른 한 인간과 연결됐고, 그때부터는 작은 것 하나하나까지 모든 게 이전과는 다르다.

골프 같은 취미가 있으면 마음이 느긋해질 수 있다. 고요한 오아시스가 되어 생활의 스트레스를 몽땅 날려 줄 수도 있다. 명상이나 종교 같은 영적 활동도 같은 효과를 낼 수 있다. 그러나 이상적으로 생각하면 영적 활동은 명상이나 종교 활동에 쓰는 시간을 넘어서까지 영향을 미쳐야 맞다. 영적 활동은 어떤 식으로든 나를 바꿔 놓아야 하고, 내가 느끼는 감정뿐만 아니라 나라는 사람 자체를 변화시켜야 한다. 그리고 내가 어떤 사람인가 하는 부분은 다시 내가 남들을 대하는 방식, 세상을 헤쳐 나가는 방식에 영향을 미친다. 동시에 영적 활동은 그날그날 접하는 아름다움, 슬픔, 크고 작은 경험을 더 소중하게 만들 수도 있다.

뱀파이어가 되는 것은 피를 마실 때나 관에 들어가서 잘 때만 당신에게 영향을 주는 게 아니다. 당신은 오늘도, 내일도 24시간 내내 뱀파이어다. 답이 없는 문제에 대한 선택은 종종 하나의 존재 상태를 만들어 내서, 좋은 쪽으로도 나쁜 쪽으로도 일상 전체에 영향을 미친다. 이런 변화를 비용과 혜택으로 나눠서 분석할 수 있다고 생각한다면 단단히 착각하는 것이다.

그렇지만 쾌락보다 고통을 더 많이 불러오는 일을 선택하는 게 어떻게 합리적일 수 있을까? 기쁨이나 즐거움보다 괴로움이나 가슴앓이가 더 클 수도 있는 길을 대체 누가 선뜻 선택할까? 대체 누가 가슴앓이와 불안을 자청할까?

인간이다.

우리는 어려움을 무릅쓰기 좋아한다. 사람들이 시를 쓰고, 전쟁이 났는데 군에 입대하고, 도저히 오를 수 없을 것 같은 곳을 산이 거기에 있다는 이유만으로 오르고, 마라톤을 뛰고, 보수도 받지 않고 자원봉사를 하는 것은 그 때문이다. 고통은, 특히나 어떤 이상적인 것을 성취하기 위한 고통은 의미의 원천이 될 수 있다. 그렇다고 해서 우리가 비이성적인 사람이 되는 것은 아니다. 오히려 존경의 대상이 되는 경우가 많다.

아내가 스포츠 레저용품점에 간 적이 있었다. 아내는 여동생과 계획 중이던 5일짜리 하이킹에 필요한 장비를 구입하려고 했다. 판매원이 다가와 여행이 '1유형'인지 '2유형'인지 물었다. 뭐가 다를까? 1유형은 여행 기간 내내 편안한 여행이다. 크게 힘든 일정도 없고, 대체로 긍정적인 경험을 하는 여행이다. 여행 중에도 즐겁고, 여행이 끝난 후에도 즐겁다. 해변에서의 하루나 공원에서의 산책이 바로 1유형이다.

2유형은 힘든 여행이다. 고통을 견뎌야 하는 순간들이 있다. 급경사 구간을 오르거나, 두 발이 얼얼해질 만큼 차가운 물을 맨발로 건너거나, 발바닥이 부르트고 허리가 아프도록 무거운 장비를 지고 걸을지도 모른다.

그렇지만 결코 잊지 못할 경험, 당신을 더 강하게 만들어 줄 경험은 2유형이다. 중간에 놓인 장애물들을 극복하고 나면 무언가 성취한 듯한 느낌이 든다. 2유형의 경험은 당신 자신에 관해 무언가 새로운 것을 알려 줄 수도 있다. 단순히 즐거운 것 이상의 경험이 될 가능성이 있다. 짜릿할 수 있다. 여행 도중에는 (그다지) 즐겁지 않을 수도 있지만, 끝나고 나면 1유형과는 다른 방식으로 그 경험을 즐기게 된다.

우리는 종종 단순히 나를 시험해 보고 싶어서가 아니라, 무언가 심오하고 의미 있는 것을 경험할 기회로써 2유형을 선택한다. 상대와 무언가를 공유하고, 내 안의 최선의 모습을 끌어내며, 내가 성장할 수 있는 기회 말이다. 결혼이나 부모가 되는 경험은 1유형이라기보다는 2유형에 훨씬 가깝다. 대부분의 경우 우리는 결혼이나 육아가 해변에서의 하루가 아니라고 해도 기꺼이 그 경험을 해 보려고 한다. 인생의 중대 결정에는 필연적으로 좋은 면과 나쁜 면이 섞여 있을 수밖에 없다. 그 결정으로 인해 생기는 커다란 감정은 마치 큰 우산처럼, 선택 당시뿐만 아니라 그 이후까지 우리가 느끼는 모든 것에 그림자를 드리운다.

제자에게 어려운 과제를 내 준 스승에 관한 우화가 있다. "여기 바위가 하나 있다. 이 탑은 꼭대기까지 100개의 계단으로 이루어져 있다. 너는 이 바위를 탑 꼭대기까지 날라야 한다." 제자는 바위를 끌어안고 힘겹게 탑 입구까지 가져간다. 그런데 문은 너무 좁고, 바위는 너무 크다. 제자가 아무리 바위를 이리저리 돌려 보아도 바위는 문을 통과할 수가 없다. "스승님, 불가능한 과제를 주셨습니다." 제자가 소리친다. 스승은 망치를 가져오더니 바위를 깨서 손쉽게 문을 통과한다. 스승이 말한다. "이 바위가 네 마음이다. 마음이 찢어져야만 더 높은 곳으로 올라갈 수 있다."

나이가 들면 내가 참고 견뎠던 고통, 특히 가슴을 찢어 놓았던 고통이 나를 더 강하게 만들었음을 깨닫게 된다. 그 아픔들은 우리가 경험하는 모든 것을 더 풍요롭고 충만하게 바꾸어 놓는다. 나이가 들면, 그냥 달기만 한 초콜릿보다 달콤 쌉싸름한 초콜릿을 더 좋아하게 된다.

내가 좁은 의미의 공리주의라고 부르는 것과 인간으로서의 성장은 비용-혜택 목록 안에 한데 묶기보다는 따로따로 생각하는 편이 더 효과적이다. 당신이 어떻게 살고 싶은지와 관련해 둘의 상대적 매력을 따져 보는 것이다. 그렇게 되면 인간적 성장의 역할이 절로 드러난다.

이제 다양한 종류의 답이 없는 문제를 살펴보면서 우리가 선택한 일상적 비용-혜택 옆에 인간적 성장을 나란히 놓아 보자. 앞으로 보면 알겠지만, 어느 선택이 인간적 성장에 어떤 영향을 미치느냐 하는 점은 의사 결정에서 결정적 역할을 하는 경우가 많다. 그런데 이게 맞을까? 그건 여러분에게 달렸다. 일상적 경험과 인간적 성장이 각각 무엇을 좌우하는지 보고 나면 여러분이 길을 정하는 데 도움이 될 것이다.

6장

인간의
성장

쾌락과 목적 사이에서
삶의 균형 잡기

66

인간이란 어머니가 낳아 주신 날 단 한 번 태어나는 것이 아니다.
생이 지속되는 한, 몇 번이고 다시 태어나야 한다.
- 가브리엘 가르시아 마르케스,《콜레라 시대의 사랑》

99

2020년에 나는 예루살렘에 있는 샬렘 칼리지Shalem College 의 총장직
에 지원해 보지 않겠느냐는 제안을 받았다. 썩 구미가 당기지 않았
다. 스탠퍼드 대학교 후버 연구소의 연구원 신분이었던 나는 재택근
무를 하면서 지적으로 흥미가 가는 내용이라면 무엇이든 연구할 수
있었다. 나는 내 집이 좋았다. 내가 사는 동네도 좋았다. 아내와 나
는 둘도 없는 친구처럼 잘 지내고 있었다. 월급도 훌륭했다. 총장직
을 거절하기 좋은 이유였다.

　또 이스라엘에서 일하게 됐을 때의 부정적 측면들도 있었다. 집

을 팔아야 하고, 보관할 짐들과 이스라엘로 가져갈 짐들을 나눠야 하고, 혹시나 내가 총장직을 잘 수행하지 못할까 하는 두려움도 있고, 가족이나 친구들과도 떨어져야 하고, 내 히브리어 실력이 형편 없다는 점도 고려했다. 어쩌면 그리 달갑지 않은 문화에 적응해야 할 수도 있었다.

좁은 의미의 공리주의적 관점에서 보면 생각해 보고 말고 할 것도 없었다. 바보가 아니고서야 누가 그 일을 맡을까. 수많은 친구와 가족들이 거절하라고 했다.

하지만 내가 어떤 사람이고 어떤 사람이 되고 싶은지를 생각하면, 이건 정반대의 의미로 생각해 볼 필요도 없는 결정이었다. 샬렘 칼리지는 이스라엘에 하나밖에 없는 인문학 중심 대학으로 플라톤과 호메로스의 저작 같은 서양 고전에서부터 전통 유대교 경전을 아우르는 내용을 핵심 교육 과정으로 삼았다. 이들 고전이 제기하는 문제('잘 산 인생은 무엇인가'라는 근본 질문과 그에 대해 아테네와 예루살렘이 내놓은 답들)가 점점 나의 흥미를 사로잡고 있었다.

유대인인 나는 이스라엘이라는 위대한 실험에 오랫동안 관심을 가져왔다. 이스라엘의 차세대 리더들을 교육하는 기관에서 한 역할을 담당할 수 있다면 영광스러운 일이었다. 또 소위 '인문학 교육'이라고 하는 것에 깊이 참여할 수 있는 기회이기도 했다. 샬렘 대학교의 새로운 학부장 리언 카스^{Leon Kass}의 표현에 따르면 위대한 경전과 과거의 사상가들로부터 "일방적으로" 배우는 게 아니라 그들을 "토대로" 배우는 과정 말이다. 내가 생각하는 참교육이 서양에서 나날이 더 심하게 공격받고 있는 시대에, 컴퓨터 과학과 공학에 점점 더 초점을 맞추고 있는 나라에서 인문학 교육에 깊이 참여할 수 있다는 사실은 대단한 호소력이 있었다. 그러니 내가 어떻게 이 제안을 거절할 수 있었겠는가? 나는 총장직을 수락하고 아내와 함께 이스라엘로 이주했다.

이게 비이성적인 결정이었을까? 경제학자라면 내가 그 직책을 통해서 얻길 바라는 자존감과 자기만족의 기대치가 기존에 가진 것들을 포기하고 이주하는 비용을 넘어선 게 틀림없다고 설명할지도 모른다. 또 그게 완전히 틀린 말도 아니다. 총장직을 맡기 위해서 내가 감내할 수 없는 고통도 있었다. 예컨대 내 가족의 미래에 위협이 되는 소득 감소 같은 것 말이다. 그리고 아내가 이민이라는 불확실성과 모험을 적극 환영한 게 아니라 반대했다면 나는 제안을 거절했을 것이다. 또 내가 얻는 혜택이 너무 작았더라도 제안을 거절했을 것이다. 예컨대 불가리아에서(나의 불가리아어 실력은 히브리어보다 못하고, 불가리아는 유대인의 고국도 아니다) 작은 인문학 대학을 운영하는 일이었다면, 내가 기존에 가진 것들을 포기할 만큼 충분한 보상은 되지 못했을 것이다.

그러니 이 결정을 내리는 데 좁은 의미의 공리주의적 측면이 완전히 무관했던 것은 아니다. 그러나 이 결정에는 나의 인간적 성장과 관련된 측면이 결정적 역할을 했다. 내가 이 일을 맡은 것은 나에게 의도된 것, 나의 '소명'처럼 느껴졌기 때문이다. 내가 이 기회를 거절했다면 가장 깊은 곳에 있는 나 자신에 대한 배신처럼 느껴졌을 것이다.

이번 장에서는 다양한 종류의 답이 없는 문제들을 살펴보면서, 인간적 성장이 공리주의적 고려 사항들과는 어떻게 상호작용하고 사람들의 선택에는 어떤 영향을 주는지 알아보자.

: 결혼과 자녀 :

다윈의 경우를 보면 결혼이라는 게 단순히 내 침대, 내 식탁, 내 소파에 다른 사람이 앉아 있을 때 내 기분이 어떨까에 관한 문제만은 아님을 알 수 있다. 결혼은 남편이 되고 아내가 되는 일이다. 이는 '나'라는 사람을 변화시키고 내가 삶을 어떻게 헤쳐 나갈지를 바꿔 놓는다. 누군가의 배우자가 된다는 것은 일상적 경험을 초월하는 일인 동시에 그걸 더 소중하게 만든다.

자녀를 갖는다는 것은 그날그날의 기분을 넘어서는 문제다. 아이가 고등학교 야구 경기에서 우중간 2루타를 날렸을 때의 기쁨, 혹은 아이가 원하는 대학에 떨어졌을 때의 절망을 넘어선다는 이야기다. 로봇 아기를 키우는 게 부모로서 치러야 할 비용에 관해 무언가를 알려 줄 수도 있다. 하지만 부모가 되면 당신의 자아감이 어떻게 바뀌는지, 그리고 그 바뀐 자아감은 다시 당신이 삶을 경험하는 방식에 어떤 영향을 주는지에 관해서는 아무것도 알려 주지 않는다. 부모가 된다는 게 어떻게 삶에 의미를 줄 수 있는지는 말해 주지 않는다.

결혼 및 자녀가 인간적 성장에 미치는 영향을 내가 강조한 이유는 이 영향이 일상적 경험만큼 우리 눈에 잘 보이지는 않기 때문이다. 그러나 결혼하지 않고 자녀를 갖지 않는 게 곧 성장을 의미하는 사람들도 많다.

프란츠 카프카도 다윈처럼 자신의 일기에다가 결혼이 좋은 이유와 좋지 못한 이유를 목록으로 작성해 놓았다. 카프카는 작가이고, 다윈은 과학자다. 카프카는 프라하에 살았고, 다윈은 런던에 살았다. 카프카는 유대인이고, 다윈은 (적어도 당시에는) 기독교인이었다. 그런데도 두 사람의 걱정은 상당히 비슷하다. 다음은 카프카의 목록이다. 모든 표현은 그가 쓴 그대로이고(《일기, 1910~1923》에서 발췌), 몇몇만 내가 조금 짧게 편집하고 현대적인 맞춤법으로 바꿨다. 대괄

호 속에 쓴 것은 나의 해설이다.

1. 나는 혼자서는 내 삶의 공격을 견뎌 내지 못한다. [그러니 결혼해라!]

2. [결혼에 관해] 생각만 해도 나는 그대로 얼어붙는다. [흠, 너무 빨리하 지는 말고.]

3. 나는 혼자 있는 시간이 아주 많이 필요하다. 내가 성취한 것들 은 모두 혼자 있었기에 가능했다. [그러니 결혼하지 말아야 할 듯.]

4. 문학과 무관한 것은 죄다 혐오스럽다. 대화는 따분하다(심지어 문 학과 관련된 대화조차 따분하다). 사람들을 방문하는 일은 따분하다. 친척들의 경조사는 극도로 따분하다. 대화는 내가 생각하는 모든 것의 중요성, 심각성, 진실성을 앗아 간다. [거의 확실히 결혼하지 말아 야 할 듯.]

5. 인연에 대한 두려움. 상대의 일부가 되는 것에 대한 두려움. 그 러면 다시는 혼자가 될 수 없을 것이다. [상동]

6. 과거에 여동생들과 함께 있을 때의 나와 다른 사람들과 함께 있 을 때의 나는 완전히 다른 사람이었다. 내가 겁 없고, 힘 있고, 놀랍고, 감동할 때는 오직 집필할 때뿐이다. 아내의 중재를 통 해서 내가 모든 사람 앞에서 그렇게 될 수만 있다면! 하지만 그 렇게 되면 내 저술 활동이 희생되지 않을까? 그건 안 되지. 그건

안 되지. [어떤 면에서는 아내가 나의 인간적 성장에 도움이 될 수도 있겠지만, 저술 활동 없이 내가 어떻게 인간적으로 성장할 수 있을까?]

7. 혼자라면 언젠가는 정말로 직장을 그만둘 수도 있을 것이다. 하지만 결혼한다면 절대로 가능하지 않을 것이다. [따라서 결혼하면 내가 될 수도 있는 그런 작가는 결코 되지 못할 것이다. 그러니 결혼하지 마라 — 결혼하지 마라 — 결혼하지 마라. 증명 끝]

카프카는 결혼하지 않았다. 다윈의 목록처럼 카프카도 결혼하면 자신이 할 수 없게 될 일, 즉 저술에 강박적으로 매달렸다. 그의 경우 저술이란 혼자 있는 시간이 아주 많아야 하고 걸리적거리는 게 전혀 없어야 하는 일이었다. 카프카와 같은 사람들에게 인간적 성장이란 결혼하지 않는 것이다.

⋮ 주거 ⋮

로야 하카키언Roya Hakakian은 10대 때 이란을 떠나 미국으로 왔다. 그녀의 책 《어느 초보자의 미국 가이드A Beginner's Guide to America》를 보면 내가 자란 곳을 떠나 이질적인 문화를 가진 곳으로 이주했을 때 생기는 어질어질한 방향 상실감이 잘 표현되어 있다. 감격스러운 순간도 많지만 종종 심각한 절망에 빠지기도 한다. 그러나 이민했을 때 벌어지는 일련의 사건이 이민이라는 경험을 모두 요약하는 것은 아니다. 이민이 내가 어떤 사람인지에 대한 나의 생각, 나의 자아감을 어떻게 바꾸는지도 생각해 봐야 한다. 로야 하카키언의 경우에는 미국인이 되었다. 이 변화는 기분이 좋을 때나 나쁠 때나 그녀의 모든 경험에 영향을 주고 있다.

이민자에게 미국에 온 것이 기쁘냐고 묻는다면, 자유의 미덕을 극찬하거나 폭정에서 혹은 경제적 빈곤에서 벗어나 정말 다행이라고 말할 수도 있다. 하지만 그런 회상은 미국인이 된다는 게 어떤 의미이고, 미국인이라는 정체성이 이민에 수반된 온갖 경험에 어떤 영향을 미쳤느냐에 따라 색깔이 달라질 것이다.

어디에 살 것이냐 하는 문제는 단순히 어디가 날씨가 더 좋으냐, 취업 기회가 많으냐, 인근에 여행할 만한 곳이 많으냐, 음식이 맛있느냐 등등의 문제가 아니다. 어디에 사느냐는 내가 무얼 경험하게 되느냐뿐만 아니라 내가 어떤 사람이냐에 관한 문제다.

아내와 나는 이스라엘로 이주하면서 이스라엘 시민이 되었다. 이걸 '알리야aliyah'라고 표현한다. 취업 비자에 따라 다르기는 하지만 알리야를 하면 별로 크지 않은 몇몇 세제상의 혜택이 있다. 하지만 우리 부부가 알리야를 한 것은 자동차를 살 때 세금 몇 푼을 아끼기 위한 것은 아니었다. 우리는 정체성의 변화, 자아감의 변화를 받아들이고 싶었다. 이스라엘 시민권을 갖는 것은 우리의 열망이었다. 우리는 역사상 가장 놀라운 국가적 실험이 진행되고 있는 곳에서 그곳의 일원이 되고 싶었다. 2,000년 전 마지막으로 주권을 갖고 살았던 땅으로 되돌아온 민족의 일원이 되고 싶었다.

영국 사람들이 유럽 연합에 남을지 떠날지를 결정하는 브렉시트 투표가 진행됐을 때, 이 결정의 경제적 영향에 주목한 사람들도 있었다. 유럽 연합을 떠나면 영국인은 더 가난해질 거다, 유럽 연합에 남으면 영국이 나머지 국가에게 보조금을 주고 있는 거나 마찬가지다 하면서 말이다. 그러나 '떠나자'에 투표한 수많은 사람과 '남자'에 투표한 수많은 사람에게 가장 중요했던 이슈는 생활 수준과 관련된 좁은 의미의 공리주의적 문제가 아니었다.

많은 사람에게 브렉시트의 진짜 이슈는 '정체성'이었다. 투표자들은 자신을 영국인이라고 생각했을까, 아니면 유럽인이라고 생각했을까? 떠나자는 쪽에 투표한 많은 사람, 특히나 스코틀랜드보다는 잉글랜드 지역 사람들은 정치 지도자들이 고국인 잉글랜드에 충분한 관심을 기울이지 않는다고 느꼈다. '영국인'이라는 사실은 그들의 삶에 의미를 부여하는 원천 중의 하나인데, 여기에 대한 관심이 부족하다고 느꼈다. 유럽 연합의 일원으로 남기를 바랐던 사람들은 범세계주의적이고 국제적인 정체성을 적극 받아들였다.

∴ 직장 ∴

퍼시 다이어코니스는 다른 대학으로 옮길지 고민할 때 동료가 장단점 목록을 작성해 보라고 하자 "이봐, 샌디. 나 지금 심각하다고"라고 했었다. 이 말은 가슴이 시키는 대로 하라거나 충동적으로 행동하라는 뜻은 아니다. 내 생각에 다이어코니스는 단순히 어디에 사느냐 하는 문제 말고도 고려해야 할 사항들이 더 있다는 의미로 그 말을 했던 것 같다. 다이어코니스는 하버드 대학교 교수로서의 자아감이 스탠퍼드 대학교 교수였을 때의 느낌과는 달라질 수도 있다는 걸 깨달았다. 겉으로 보면 대단한 차이는 아니다. 둘 다 일류 대학교이기 때문이다. 하지만 퍼시 다이어코니스에게는 중요한 차이였던 것 같다. 그건 그냥 팰로앨토에 사는 것보다 보스턴 케임브리지에 사는 게 더 즐거울 것인가 하는 문제만은 아니었다. 다이어코니스는 스스로에게 들려주는 내러티브가 달라지는 것에 대해 불안을 느꼈다. 이전의 자신(스탠퍼드 대학교 교수)과 비교해 봤을 때 하버드 대학교 교수가 된 자신을 어떻게 보게 될 것인가 하는 점 말이다. 그리고 새로운 동료들이 그가 학자로서 계속 성장해 나갈 수 있도록 도와줄 것인가 하는 점도 당연히 걱정거리였다.

：우정：

여러분의 삶에서 우정은 어떤 역할을 하는가? 친구를 만들고 우정을 쌓는 데 어느 정도의 시간을 쏟아야 할까? 주말 저녁 식사 모임에서 만났던 사람에게 다시 연락해야 할까? 모임에서 만났던 그 사람이 나에게 먼저 연락을 해 온다면 커피나 점심 약속, 콘서트 약속에 응해야 할까? 기존의 우정을 유지하거나 공고히 하기 위해 어디까지 희생해야 할까? 여러분은 이들 질문을 어떻게 생각하는가? 이런 질문에 대해 공리주의적 계산으로 접근하는 게 최선일까? 그 우정으로부터 얻는 경제적 혹은 정서적 혜택이 얼마나 되는지 따져 봐야 할까? 지금과는 다른 친구들을 사귀었다면 나한테 더 이득이었을지 생각해 봐야 할까?

우리는 우정을 이야기하면서 종종 거래할 때나 사용할 법한 용어를 쓴다. "내가 ○○과의 관계에 '투자'해야 하는가"라고 말할 때는 마치 우정이 내가 쓴 시간만큼 충분한 보상을 내놓는 게 가능한 '자산'이라도 되는 것 같다. 그렇지만 우정을 보상과는 별개로 소중하게 생각하며 내 존재의 핵심적인 부분으로 여기는 것도 가능하다. 우리는 '그만한 가치'(이것 역시 공리주의적인 관점을 내포하는 경제 용어다)가 없을 때조차 좋은 친구가 되고 싶을지 모른다. 많은 사람들이 친구들과 형성한 우정과 관계망을 통해 정체성을 확립한다. 우리는 그날

그날 우정이라는 경험이 얼마나 유쾌하고 불쾌한지와는 별개로 친구들에게 시간을 바친다. 우정이라는 주제는 8장에서 더 깊이 이야기하자.

: 투표 :

당신은 투표를 하는가? 왜 하는가? 수많은 답이 없는 문제 중에서 이게 뭐 그리 대단한 주제는 아니다. 하지만 투표 여부는 우리의 자아감이나 우리가 옳다고 생각하는 것(인간적 성장의 일부)이 좁은 의미의 공리주의와 어떤 긴장 관계를 형성하는지 잘 보여 준다. 실제로 경제학자들은 투표가 비합리적인 행동이라고 주장한다. 투표장까지 가는 데 시간이 걸리고, 종종 기다려야 하고, 집으로 다시 돌아오는 데도 시간이 소요된다. 이런 게 다 비용이다. 그렇다면 혜택은 뭘까? 투표 결과가 동률이라면 여러분의 표가 동률을 깸으로써 결정적 역할을 할 수도 있다. 하지만 대부분의 경우 투표 결과는 동률과는 거리가 멀다. 심지어 선거가 박빙이라고 해도, 그러니까 수백 표 차이로 결과가 갈린다고 해도 결과와 관련해서 여러분의 표는 여전히 아무런 의미가 없다. 그런데도 여러분은, 사랑하는 독자 여러분은 아마 그와는 무관하게 투표를 할 것이다. 나도 그렇다. 내 표가 이미 수백만을 헤아리는 표에 단 한 표를 더해 줄 뿐이라는 걸 알면서 우리는 왜 귀찮게 투표를 할까?

내가 이렇게 물으면 사람들은 대부분 같은 답을 한다. "그렇게 해서 다들 투표하러 안 가면 어떻게 해요?" 그러면 경제학자는 이렇게 답한다. "당신이 집에 있든 투표를 하러 가든, 남들의 투표 여부는 당신의 영향을 받지 않습니다." 따라서 합리적으로 따지면 당신은 집에 있어야 한다. 투표하러 갈 시간에 잔디를 깎든지, 자녀에게 책을 읽어 주든지, 돈을 벌든지, 차라리 무료 급식소에 가서 자원봉사를 하라. 투표하는 대신에 그 시간을 가장 잘 활용할 방법을 찾는게 합리적인 선택이다.

투표하는 사람에게 그렇게 말해 보라. "훌륭한 지적이네요! 내표가 사실상 무의미하다면, 뭔가 가치 있는 다른 일을 하는 게 합리적이겠네요"라고 답할 사람은 아무도 없다. 오히려 투표자는 경제학자에게 화를 낼 것이다. 이렇게 분노하는 이유를 모르는 사람은 경제학자밖에 없다. 사람들이 투표하는 이유는 그게 옳다고 생각하기 때문이다. 이는 시민이라는 정체성의 일부다. 우리는 나 자신을 '의무를 기피하는 사람'이라고 생각하고 싶지 않기 때문에 투표를 한다. 사람들은 스스로를 책임감 있는 시민으로 여기고 싶어 한다. 투표해야 할 의무가 있고, 의무를 다하는 것의 가치를 믿는 사람으로 말이다. 사람들은 '투표를 했으니 나는 멍청이'라고 생각하는 게 아니라, '나는 훌륭한 사람'이라고 생각한다. 이걸 비합리적이라고 말할 사람은 좁은 의미의 공리주의적 사고에 빠져 있는 경제학자밖에 없다.

⋮ 이혼 ⋮

다윈은 '결혼을 해야 하는가'라는 문제로 고심을 거듭했다. 불행한 결혼 생활을 하는 사람들도 비슷한 딜레마에 직면한다. 이혼을 할 것인가, 말 것인가 하는 문제는 결혼을 할 것인가 하는 문제만큼이나 답이 없는 문제다. 현대에 와서는 대부분의 국가에서 이혼하기가 제도적으로 더 쉬워졌다. 그리고 이제는 이혼과 관련해서 그 어떤 꼬리표도 붙이지 않으려는 강력한 문화적 트렌드가 형성되어 있다. 결혼 생활이 만족스럽지 않다면 흔히들 그만두라고 말한다. 이혼한 어느 친구는 내게 이렇게 말하기도 했다. "내가 결혼에서 얻는 게 별로 없더라고."

경제학자들은 이혼을 합리적 의사 결정 모형으로 설명해 왔다. '이혼했을 때 얻는 행복이 결혼 상태에 얻는 행복보다 크다면 이혼하라.' 사회과학자처럼 이런 틀을 가지고 이혼을 바라볼 수도 있다. 어쩌면 그렇게 해서 유용한 예측이 나올지도 모르고, 시대나 국가에 따른 이혼 패턴 같은 것을 이해할 수 있을지도 모른다. 그러나 나는 이런 식으로 접근해서는 불행한 결혼 생활로 힘겨워하고 있는 사람들이 실제로 무슨 일을 겪고 있는지 전혀 파악할 수 없다고 생각한다.

이혼에 꼬리표를 붙이지 않으려는 문화적 트렌드에도 불구하고 내가 아는 수많은 이혼자는 행복의 극대화라는 단순한 기준을 토대로 손쉽게 결정을 내린 것 같지는 않다. 결혼은 그들이 자기 자신을 어떻게 바라보는가, 즉 그들의 '정체성'의 일부다. 그리고 결혼 생활을 끝내겠다고 선택하면 이혼도 자신의 정체성의 일부가 된다는 사실을 그들은 알고 있다. 그들은 이혼했다는 사실이 자신이 어떤 사람인지에 대한 하나의 선언이 되어 버리는 걸 좋아하지 않는다. 이혼한 사람 중에는 자신을 '죽음이 갈라놓을 때까지' 배우자에게 충실한, 그런 종류의 사람이라고 생각하는 사람도 많다.

어떤 사람들은 순전히 공리주의적인 기준을 바탕으로, 하루하루 지금의 배우자로부터 얻는 것보다 더 많은 행복을 찾을 수 있기를 바라며 이혼한다. 또 어떤 사람들은 결혼 생활이 너무 억압적이라서, 그 상태로는 인간적 성장이 불가능해 보여서 이혼한다. 이런 사람들에게 이혼은 단순히 더 행복해지겠다는 문제가 아니라 인간적 성장을 향한 길이다.

우리는 스스로를 배신하지 않기 위해
비합리적이고 비이성적인 결정을 내리기도 한다.

⋮ 종교 ⋮

교회에 다니거나, 유대교 율법에 따른 음식만 먹거나, 메카를 향해 하루 다섯 번씩 절을 하는 게 재미있어 보여서 사람들이 개종을 하는 것은 아니다. 기존의 종교를 떠나는 이유도 생각보다 재미가 없기 때문은 아니다. 종교적 삶에서도, 종교적 속박으로부터 자유로운 삶에서도 하루하루 기쁨을 찾을 수 있다. 그러나 어느 종교를 믿거나 떠나는(혹은 모든 종교를 믿지 않기로 하는) 결정은 그로 인한 삶이 즐거울 것이냐 즐겁지 않을 것이냐의 문제만은 아니다. 많은 이들에게 종교 생활은 진리를 찾는 문제와 관련되어 있다. 얼마만큼의 희생이 따르느냐는 무관하다. 이는 믿음을 잃은 수많은 사람들에게도 마찬가지다. 때로는 너무나 괴로운 일임에도 불구하고 그들이 자신의 교단을 떠나는 이유는 더 이상 내가 믿는 종교가 진리가 아니라고 느끼기 때문이다.

소속감은 종교나 정치가 가진 호소력의 핵심이다. 소속감은 내가 나보다 더 큰 어떤 것, 내가 의무라고 믿고 있는 어떤 것, 세상을 더 나은 곳으로 만들어 줄 거라고 믿는 어떤 것의 일부가 되는 느낌이다. 정말로 중요한 무언가에 대한 소속감은 하루하루를 초월해 우리의 수많은 날들을 물들일 수 있다.

⠿ 정신 나간 것처럼 보이는 친절 ⠿

홀로코스트가 진행되던 시절, 몇몇 독일인이나 폴란드인은 왜 유대인을 숨겨 주었을까? 물론 대부분의 사람은 숨겨 주지 않았다. 그러나 당시에는 그렇게 하는 게 내 목숨과 가족 전체의 목숨을 거는 일이었음을 감안한다면, 단 한 명이라도 어떻게 그런 일을 할 수 있었을까? 대부분의 사람은 낯선 이에게 내 신장 한 쪽을 기증하지는 않는다. 그러나 기증하기로 결정한 극소수의 사람은 그토록 위험하고 뚜렷한 보상도 없는 일을 대체 왜 하는 걸까? 나는 다큐멘터리 감독 페니 레인Penny Lane에게 왜 신장을 기증했냐고 물었다. 그녀는 기증이라는 결정의 비용과 혜택을 이해하고 나니, 혹은 스스로 이해했다고 생각하고 나니 그게 너무나 옳은 결정처럼 보였다고 했다. 비용은 그녀가 받아야 할 수술과 그에 수반되는 각종 위험이었다. 혜택은 낯선 사람이 더 오래 더 건강하게 살 수 있는 것이었다. 이걸 전형적인 좁은 의미의 공리주의적 계산이라고 보기에는 무리가 있었다. 레인은 수술이 잘될 경우 자신은 신장이 하나 없어지고 낯선 사람은 수년간 투석을 받을 필요도, 죽을 필요도 없을 거라고 기대했다. 페니 레인의 경험에 대해서는 9장에서 다시 이야기할 것이다. 그렇다면 여러분은 레인의 결정이 비합리적이라고 생각하는가? 여러분 생각에 레인은 바보인가, 아니면 존경할 만한 사람인가?

﹕ 인간적 성장을 선택하면 얻는 것들 ﹕

의사 결정을 내릴 때는 많은 사람이 공리주의적 효과보다는 인간적 성장을 우선시한다. 이들은 나 자신을 어떻게 바라볼 것인가, 인생의 목표 또는 의미를 어디에 둘 것인가, 무엇이 옳은 일이며 미덕인가 하는 데 초점을 맞춘다. 이들은 그 선택으로 인해 앞으로 쾌락보다 고통을 더 많이 겪어야 한다고 하더라도 자신의 인생에서 이들 측면을 중시하기로 선택했다.

여러분은 인간적 성장을 중시하기로 선택할 수도 있고, 그런 건 무시하기로 선택할 수도 있다. 그리고 분명한 것은 신장 한 쪽을 나눠 주거나 투표를 하지 않아도 인간적으로 성장할 수 있다는 점이다. 하루 종일 수영장에서 시간을 보내며 최대한 많은 쾌락을 누리고 인간적 성장은 무시할 수도 있다. 어쩌면 당신에게는 성장이 중요하지 않을지도 모른다. 하지만 다윈이 작성한 결혼의 비용-혜택 목록을 보면, 삶의 어떤 측면들은 쉽게 상상이 가지 않는다는 이유만으로 무시하기가 얼마나 쉬운지 알 수 있다. 그 속에는 일단 믿고 뛰어들기만 하면 당신이 좋아할지도 모를 것들이 포함되어 있다. 또 하루하루로 따지면 쾌락보다 고통이 더 클지 몰라도, 궁극적으로는 당신의 삶에 목적과 의미를 부여할 것들이 들어 있을 수도 있다.

햇빛이 쏟아지는 수영장과 그 옆에 놓인 마르가리타가 얼마나 매력적인지는 다들 잘 안다. 그런 쾌락은 기존의 경험이라는 가로등 아래서 밝게 빛나고 있거나 당신이 쉽게 상상할 수 있다. 수건으로 물기를 닦아 내고, 옷을 입고, 수영장에서 보내는 시간을 줄이기만 하면 당신 삶에서 더 의미 있는 것들을 발견할지도 모른다는 사실은 기억하기가 쉽지 않다. 인간적 성장의 중요성은 일상적 쾌락 및 고통보다 기억하기가 더 어렵다. 결과를 금방 즐길 수 있는 것도 아니고, 직접 경험해 보기 전에는 그게 대체 어떤 것인지 개념조차 잡기가 어렵다.

경제학자이자 도덕 철학자였던 애덤 스미스는 인간적 성장과 그 성장이 만들어 내는 만족은 보기보다 까다로운 구석이 있다고 생각했다. 잘 알려지지 않은 걸작 《도덕 감정론》에서 애덤 스미스는 "자연히 인간은 사랑받기를 원하고 사랑스러운 사람이 되기를 원한다"라고 썼다. 애덤 스미스가 말하는 '사랑받기'란 관심받는 것뿐만 아니라 칭찬받고, 감사받고, 우러름을 받고, 존경받는 것을 뜻한다. 우리는 중요한 사람이 되고 싶다. 그리고 애덤 스미스가 말하는 '사랑스러운 사람'이란 칭찬과 감사와 우러름과 존경을 할 만한 가치가 있는 사람을 뜻한다. 애덤 스미스가 생각하는 사랑받는 것과 사랑스러운 사람이 되는 것은 내가 이 책에서 '인간적 성장'이라고 부르는 것과 아주 비슷하다.

애덤 스미스는 중요한 사람이 되는 데는 두 가지 길이 있다고 했다. 주위 사람들에게 칭찬, 감사, 우러름, 존경을 얻는 방법이 둘 있다는 것이다. 하나는 부자가 되고, 권력을 갖고, 유명해지는 것이다. 다른 하나는 현명하고 미덕을 갖춘 사람이 되는 것이다. 애덤 스미스는 첫 번째 방법을 "요란하고 번쩍거리는" 길이라고 불렀다. 이 길에는 자연히 사람이 꼬인다. 부유하고, 권력이 있고, 유명한 사람들은 쉽게 눈에 띄고 많은 사람(애덤 스미스는 "거대한 인간 떼"라고 부른다)이 알아본다. 종종 부유하고, 권력이 있고, 유명한 사람들을 두고 '번영한다'고 말할 때도 있지만, 이는 내가 이 책에서 말하는 인간적 성장과는 다른 뜻이다. 그런 번영으로 얻는 만족은 인간적 성장으로 얻는 만족과는 종류가 다르다.

현명하고 미덕을 갖춘 사람이 되는 길을 택하더라도 주위 사람들의 존경을 사겠지만, 이쪽 길은 불이 환하게 밝혀져 있지는 않다. 이쪽 길에 관심을 두는 사람들은 애덤 스미스가 "소수당"이라고 표현한 사람들, 주로 스스로도 현명하고 미덕을 갖춘 사람들이다. 번쩍이고 밝은 길이 더 유혹적이다. 더 좋은 길은 그림자에 가려 있고 기억하기 어렵다.

인간적 성장을 중시한다면, 열심히 노력해야만 그걸 지속적으로 최우선에 둘 수 있다.

7장부터는 이런 생각을 좀 더 확장해 볼 것이다. 몇 가지 답이 없는 문제를 깊이 있게 살펴보면서 밝은 곳에 있는 것과 그늘진 곳에 있는 것의 유혹이 어떻게 다른지 알아볼 것이다. 공리주의적 계산을 해 보려고 끙끙대는 것보다 더 도움이 될 수도 있는 방법도 몇 가지 제안할 것이다. 답이 없는 문제에서 그냥 그대로 따르면 되는 간단한 규칙 따위는 없다. 그래서 몇 가지 흔한 문제를 가지고 씨름하면서 여러분이 자신만의 접근법을 발견할 수 있게 도울 것이다.

가장 먼저 씨름해 볼 주제는 누구와 결혼할 것인가 하는 문제다. 뭐가 될지는 몰라도 그늘진 곳에 있는 것들과 인간적 성장을 염두에 두고 싶다면, 우리는 어떤 식으로 이 문제를 결정해야 할까? 여기서 배우게 될 몇 가지 교훈은 다른 답이 없는 문제들에도 똑같이 적용된다.

7장

페넬로페와
108명의 구혼자

복수의 선택지가 있을 때
최선을 택하는 전략

66

모든 사람이 마음속 열정이 사그라드는 순간이 있다.
그러나 다른 사람과의 만남으로 다시 불씨를 살릴 수 있다.
영혼에 다시 불씨를 붙여 줄 사람에게 우리는 감사해야 한다.
- 알베르트 슈바이처

99

페넬로페는 고대 그리스의 위대한 왕이자 전사였던 오디세우스의
아내다. 오디세우스는 트로이 전쟁에 나간 후 20년이 지나도록 고
향 이타카로 돌아오지 않는다. 그가 죽었다고 생각한 수많은 남자들
이 페넬로페와 결혼하려고 오디세우스의 집으로 몰려온다. 구름 떼
같은 구혼자들. 정확한 숫자는 불분명하지만, 누군가 세어 놓은 것
을 보면 총 108명이었다고 한다. 구혼자들은 오디세우스의 집으로
아예 짐을 싸 들고 들어온다(집이라기보다는 궁전에 가까운 대저택이었기 때
문에 묵을 방은 많았다). 그들은 오디세우스의 양 떼와 소 떼를 잡아서 먹

고 마시고 파티하며 페넬로페가 본인들 중 누구를 최고의 신랑감이라고 생각할지 결정을 기다린다.

찾는 사람이 많다는 건 언제나 기분 좋은 일이겠지만, 페넬로페는 사실상 포위당한 것이나 마찬가지다. 그런데도 그녀는 108명 중 한 명을 선택해서 이 포위를 풀 생각은 없어 보인다. 페넬로페는 단순히 오디세우스를 위해 절개를 지키고 있는 건가? 오디세우스가 아직 살아 있어서 언젠가 집으로 돌아와 주기를 바라고 있나? 아니면 그냥 누가 최고의 남편감인지 도저히 결정을 내릴 수 없는 것인지도. 페넬로페는 시간을 끈다.

페넬로페는 구혼자들에게 시아버지의 수의를 지을 천을 다 짜고 나면 한 명을 선택하겠다고 말한다. 시아버지는 아직 죽지도 않았다. 다소 섬뜩하게 보일 수도 있겠지만, 그 시절에는 수의가 필요하다고 해서 백화점으로 달려가 근사한 수의를 한 벌 사 올 수 있는 게 아니었다. 수의를 지을 옷감을 짜려면 시간이 오래 걸린다(실을 뽑는 것부터가 어마어마한 프로젝트다). 그리고 가족들에게 옷을 입히고 수많은 담요까지 만들려면 다른 천도 짜야 한다. 그러니 시아버지가 죽기 전에 미리 수의를 지어 놓아야 하는 것이다.

밤이 되면 페넬로페는 낮 동안 짜 놓은 천을 푼다. 이 수 전략은 3년이나 먹힌다! 구혼자들은 직조에 관해 잘 알지 못했고(그럴 개

연성이 높다), 늘 잔뜩 취해 있거나(거의 확실하다), 아니면 페넬로페의 옷 감 짜는 실력에 대한 기대치가 아주 낮았음(가능한 얘기다)을 알 수 있다. 결국 구혼자들은 페넬로페의 속임수를 알아낸다. 하녀 중 하나 가 자신이 잠자리를 갖던 구혼자에게 페넬로페의 속임수를 일러바 친 것이다. 구혼자들은 페넬로페에게 결정을 내리라고, 한 명을 고 르라고 더욱더 심하게 압박한다. 아마도 하녀와 잠자리를 갖고 있는 그 구혼자만 빼고 말이다.

그래서 이제 페넬로페가 기나긴 뭉그적거림을 끝내고 정말로 구혼자들 중에서 최고의 남편감을 찾으려 한다고 치자. 페넬로페 는 대체 어떻게 남편감을 정해야 할까? 페넬로페가 한 번에 한 명씩 108명의 구혼자 모두와 시간을 보낼 수 있다고 해 보자. 페넬로페 는 구혼자를 만나서 면접을 봐도 되고, 함께 커피를 마시러 나가도 되고, 이타카 시내에 가서 촛불이 켜진 근사한 레스토랑에서 저녁을 함께해도 된다. 그리고 한 명, 한 명 이 사람과 결혼을 할지 말지 결 정을 내린다. 그런데 어느 구혼자를 일단 거절하고 나면 돌이킬 수 는 없다. 거절한 구혼자는 이제 없는 사람이다. 규칙이 이렇다고 했 을 때 페넬로페가 따를 수 있는 합리적 전략이 있을까?

평생의 반려자를 찾는 사람도 있고, 아닌 사람도 있을 것이다. 하지만 페넬로페 문제에는 인생의 모든 중대 결정과 공통되는 사항이 있다. 바로 복수의 선택지가 있다는 점이다. 이것들 중 어느 것이 최선인가? 내가 인간적으로 더 성장하기를 바란다면 어느 쪽이 최선인가?

맥락은 다르지만 일종의 페넬로페 문제라고 할 수 있는 것이 제기된 적이 있다. 1960년 칼럼니스트이자 과학 저술가인 마틴 가드너가 《사이언티픽 아메리칸》에 게재한 내용으로, 나중에 '비서 문제'라고 알려진 것이다. 가드너가 구성한 문제의 구조는 다음과 같다. 사람을 채용하려고 하는데 지원자가 꽤 많다면 어떤 규칙을 따라야 할까? 여러분은 지원자들을 한 번에 한 명씩 면접 볼 수 있고, 그 자리에서 즉시 고용하거나 불합격시킬 수 있다. 다만 한 번 불합격시킨 지원자는 다른 곳으로 가 버리기 때문에 다시는 채용할 수 없다.

만약 페넬로페에게도 똑같은 가정이 적용된다면, 108명의 구혼자 중 최고의 남편감과 결혼할 확률을 가장 크게 높여 줄 수 있는 알고리즘이 있다. 먼저 37퍼센트의 구혼자와 면접을 본다. 페넬로페의 경우 37퍼센트면 40명이다. 이 40명 중에서는 누구와도 결혼하지 않는다. 여기까지의 면접은 이타카에서 구할 수 있는 남편감의 수준을 알아보기 위한 것이다. 그 40명 중 가장 좋았던 사람을 기억해 둔다. 첫 40명 중 가장 좋았던 후보가 엘라투스였다고 치자. 엘라투스와는 결혼하지 않는다. 그리고 이미 거절했기 때문에 엘라투스는 더 이상 고려 대상도 아니다. 다만 이때부터 엘라투스를 남은 68명에 대한 척도로 사용한다. 즉 벤치마크가 되는 것이다. 엘라투스보다 더 나은 사람을 만나는 순간, 그 사람과 결혼한다.

엘라투스가 최고의 후보일 가능성도 있다. 그러면 남은 68명 중에서는 아무도 엘라투스를 능가하지 못할 것이다. 이 경우에는 하는 수 없이 108번째 구혼자와 결혼해야 하고, 페넬로페는 최고의 남편감을 얻지 못한다. 페넬로페가 구혼자들을 만나는 순서가 무작위라고 했을 때, 마지막으로 면접할 구혼자의 기대 수준은 그룹 전체의 평균이 될 것이다. 물론 실제로는 108번째 구혼자가 끔찍한 수준의 사람일 수도 있다. 사전에 생각하는 '기대 행복'과 사후에 알게 되는 '실제 행복'은 크게 다를 수 있다.

여기서 인상적인 부분은 이 전략으로 페넬로페가 최고의 남편감을 얻을 확률이 놀랄 만큼 높다는 점이다. 어느 정도나 높을까? 페넬로페가 이 전략을 따른다면 최고의 남편을 얻을 확률이 37퍼센트다. 나쁘지 않다.

면접을 보는 구혼자의 비율도 37퍼센트이고, 이 규칙을 따를 때 최고의 짝을 찾아낼 확률도 37퍼센트인데, 이는 우연이 아니다. 일반적인 경우 구혼자의 수를 'e', 즉 오일러의 수로 나눈다. 오일러의 수를 표시하는 방법은 여러 가지인데 다음의 무한급수도 그중 하나다.

$$e = \sum_{n=0}^{\infty} \frac{1}{n!} = 1 + \frac{1}{1} + \frac{1}{1 \cdot 2} + \frac{1}{1 \cdot 2 \cdot 3} + \cdots$$

계산하면 대략 2.71828…쯤 되는데 생략 부호로 표시한 것은 소수점 이하 자릿수가 무한하다는 뜻이다. n/e명의 구혼자와 면접을 봐서(n은 구혼자의 수를 가리키므로 페넬로페의 경우는 108) 벤치마크, 즉 엘라투스를 능가하는 첫 번째 사람과 결혼한다면 n명의 구혼자 중에서 최고의 남편감을 고를 확률은 1/e이므로 37퍼센트가 된다. 이 계산에 왜 e가 들어가야 하는지는 우리가 수학에서 흔히 보는 근사한 미스터리 중 하나다. 이 얼마나 아름다운가?

페넬로페는《사이언티픽 아메리칸》의 구독자가 아니었다. 그러니 108명의 구혼자 중 한 명을 골라낼 근사한 전략도, 아무런 공식도 없었다. 페넬로페는 직관에 의존하지도 않았다. 적어도 겉으로는 그랬다. 이제 어떻게 해야 할까?

물론《오디세이아》의 독자들이 알고 있는 사실을 페넬로페는 모른다. 그래서 더욱더 독자는 페넬로페의 문제에서 눈을 뗄 수 없다. 오디세우스는 살아 있고 안전하게 이타카에 도착해 있다. 트로이 전쟁에서 살아남고, 세이렌과 키클롭스(그리스 신화에 나오는 외눈박이 거인족 — 옮긴이), 스킬라(그리스 신화에 나오는, 뱃사람들을 잡아먹는 바다 괴물 — 옮긴이), 카리브디스(그리스 신화에 나오는, 하루 세 번 바닷물을 토해 내어

배를 난파시키는 괴물 — 옮긴이) 등 온갖 유혹과 위험을 물리친 오디세우스는 가까스로 고향에 돌아오지만, 108명의 적들이 그의 거실에서 흥청망청 자기 재산을 축내고 있는 모습을 발견한다. 속임수를 쓰지 않으면 아내를 되찾기 힘들 것이다. 오디세우스는 늙은 거지로 변장한다.

이 거지가 남편임을 눈치챈 것인지 아니면 계속 시간을 끌려고 그랬는지, 페넬로페는 본인이 직면한 답이 없는 문제를 해결할 수단으로 구혼자의 힘을 시험할 방법을 고안한다. 첫째, 페넬로페는 구혼자들에게 오디세우스의 활에 시위를 걸어 보라고 한다. 그런 다음 열두 개의 도끼 머리에 있는 구멍 사이로 화살을 관통시키라고 한다. 두 가지를 모두 해내면 그녀를 차지할 수 있다고 말한다.

안타깝게도 구혼자들 중에는 활에 시위를 걸 만큼 힘이 센 사람조차 아무도 없다. 페넬로페는 평생 독수공방할 운명으로 보인다. 그런데 우리가 오디세우스임을 알고 있는 늙은 거지가 기회를 달라고 한다. 구혼자들 사이에 분노와 조롱의 말이 쏟아진다. 구부정한 이 남자가 위대한 오디세우스의 활에 무슨 수로 시위를 건다는 거지? 우리 중에 아무도 구부리지 못한 활을? 그러나 페넬로페는 거지도 손님인 만큼 기회는 주어야 한다는 말을 남기고 그대로 자리에서 일어나 침실로 가 버린다. 그리고 돌아오지 않는 남편을 그리며 울다 지쳐 잠이 든다. 남편이 멀쩡히 살아서 아래층에 와 있다는 걸 아직 모르는 듯하다.

구혼자들은 누더기를 걸친 부랑자가 설마 저 힘든 과제를 해낼까 싶어 야유하며 비웃는다. 하지만 오디세우스에게 이 활의 시위를 거는 것은 마크 노플러(영국의 싱어송라이터 겸 기타리스트 — 옮긴이)가 본인의 끊어진 기타 줄을 교체하는 것만큼이나 쉽다. 내친김에 오디세우스는 보란 듯이 화살을 쏘아 도끼 구멍들을 관통시키며 아내가 낸 과제를 완수한다. 구혼자들은 큰 곤경에 처했음을 깨닫는다. 이윽고 오디세우스와 아들 텔레마코스, 충복 둘은 어렵지 않게 108명의 구혼자를 모조리 죽이는 데 성공한다. 이렇게 하나의 장르가 탄생한다. 몇 안 되는 용감무쌍한 일행이 불가능할 것 같은 임무를 완수하고 무사히 살아남는 이야기 말이다.

활에 시위를 걸어 보라는, 페넬로페가 낸 과제는 겉으로는 바보 같은 테스트처럼 보였지만 어쩌다 보니 실제로 최고의 신랑감에 가까운 남자를 찾아냈다. 하지만 이는 페넬로페가 운이 좋았던 것이다. 결과적으로 최고의 후보를 골라내는 게 우리가 매일 볼 수 있는 일은 아니다. 나라면 그런 방법에 의존하지는 않을 것이다.

페넬로페의 이야기에서 우리는 뭘 배울 수 있을까?

레온하르트 오일러와 같은 수학적 지식이 없어도, 내 이름의 첫

글자를 딴 초월수超越數(원주율이나 앞서 보았던 오일러의 수 같은 것을 초월수라고 한다 — 옮긴이)가 없어도, 잠재적 배우자감들에 대한 정보를 뭐라도 얻어 그걸 이용해 누구와 결혼할지 결정하겠다는 것은 좋은 생각이다. 이는 군이 《사이언티픽 아메리칸》을 구독하지 않아도 충분히 알 수 있는 내용이다. 바다에 물고기가 아무리 많아도 세상의 모든 물고기를 만나 볼 수는 없는 일이니, 어디쯤에서 멈출지 암묵적 혹은 명시적인 규칙을 하나쯤은 미리 생각해 둬라. 언제쯤 결혼을 진지하게 고민할지 대략적인 생각을 정해 둬라.

대부분의 사람들은 내가 결혼하고 싶은 사람이 반드시 나와 결혼하고 싶으리라는 보장이 없다는 사실을 잘 알고 있다. 누군가를 거절하고 나면, 다시는 그 사람을 선택할 수 없을 수도 있다는 것 역시 잘 안다. 내 친구는 자녀들이 어릴 때 가족들과 카누 여행을 했다. 어디쯤 멈춰서 밤을 보낼지 결정해야 할 때가 되었을 때 친구는 아이들에게 그 결정을 맡겼다고 한다. 친구는 아이들에게 최선이라는 게 '그럭저럭 괜찮음'의 적敵이 될 수도 있다는 걸 알려 주고 싶었던 것이다. 캠핑을 하기에 가장 좋은 섬이 나올 때까지 기다리다가는 바위만 잔뜩 있는 해변에서 잠을 청하게 되거나 아예 한잠도 못 잘 위험이 있었다. 최고의 배우자를 기다리다가는 어쩔 수 없이 마지막 구혼자와 결혼해야 할지도 모른다. 아니면 109번째 이후의 구혼자와 결혼하거나.

그러나 페넬로페 문제와 이걸 풀 수 있다고 주장하는 수학적 솔루션에서 얻을 수 있는 가장 귀한 교훈은 오히려 반反 교훈적이다. 누구와 결혼할 것인가 하는 문제를 수학적으로 풀어 보려는 시도가 근사해 보이기는 해도, 살아가는 데 도움이 되지는 않는다. 찾아내고 싶은 게 최선의 커리어든, 대학 다니기 좋은 도시이든, 최고의 배우자든, 최선의 그 무엇이든 간에 답이 없는 문제에서 최선을 찾아내려고 시도하는 것은 잘못이다.

어떤 문제들은 최선의 것이 무엇인지 썩 잘 정의되어 있는 경우도 있다. 댄 길버트의 창피를 모르는 쾌락주의자가 소비자로서 가장 큰 쾌락을 가져올 선택을 내리려고 한다면(어느 신발을 살까, 어느 호텔에 묵을까, 저녁에 무슨 영화를 볼까, 수영장 옆에 놔둘 마르가리타 칵테일에는 어느 데킬라를 사용할까 등등) 도움이 될 만한 툴이 아주 많다. 아마존 사이트에서 추천하는 것을 참고해도 되고, IMDb(영화 관련 정보를 제공하는 온라인 데이터베이스 — 옮긴이)나 트립어드바이저(호텔 및 여행 관련 가격 비교 사이트 — 옮긴이) 등에서 사용자들이 매겨 놓은 점수를 보아도 되고, 와이어커터(카테고리별로 최고의 제품을 추천해 주는 제품 후기 사이트 — 옮긴이)의 후기를 참조해도 된다. 신발이나 호텔, 영화, 데킬라 등등 좁은 의미의 공리주의적 삶의 영역에서는 절대적 최선은 없더라도 보통 나에게 최선에 가까운 것은 찾을 수 있다.

그렇지만 최선의 배우자가 과연 뭐란 말인가? 여기서 최선은 세계 최고라는 뜻이 아니라 내가 선택할 수 있으면서도 나와 기꺼이 결혼할 의향이 있는 사람 중에 최고라는 뜻이다. 페넬로페 문제를 수학적으로 해결하려는 시도는 이미 가정 단계에서 문제의 가장 골치 아픈 부분을 제거해 버린다. 즉 40명의 구혼자를 면접 보고 나면 페넬로페가 그중 최선인 사람, 즉 내가 엘라투스라고 이름 붙인 사람을 찾아낼 수 있다고 가정하고 있다. 그러나 이게 대체 무슨 뜻이란 말인가? 페넬로페가 무슨 수로 자신이 면접을 본 첫 40명 중에서 나중에 최선의 남편이 될 사람을 알 수 있단 말인가?

만약에 여러분이 나에게 두 가지 맛의 아이스크림을 준다면, 어지간하면 나는 선호하는 쪽을 말할 수 있다. 휴가지에 대해서도 '바다냐, 산이냐'처럼 둘 중 하나를 고르라고 하면 내가 원하는 쪽을 말할 수 있다. 배우자감을 두 명 제시하면서 한 명씩 함께 시간을 보내게 해 준다면, 어느 쪽이 나와 더 잘 맞는지 어쩌면 말할 수 있을지도 모른다. 하지만 이는 확실한 것과는 전혀 거리가 먼, 그냥 답이 없는 문제에 대한 막연한 추측일 뿐이다. 이걸 과학적이라고 부르기는 힘들다.

인간은 불완전하고, 결함이 있고, 함께 살기 힘들며, 어떤 때는 옆에 있는 것조차 참기 힘들다. 분명히 지금 당신의 배우자보다 더 똑똑한 사람이 있을 것이다. 더 친절한 사람이 있을 것이다. 육체적으로 더 끌리는 사람이 있을 것이다. 더 재미난 사람이 있을 것이다. 당신의 잘못을 더 잘 참아 주는 사람이 있을 것이다. 목록은 끝이 없다.

하지만 그 모두를 한꺼번에 다 만족시키는 사람은 아주 드물 것이다. 어쩌면 한 명도 없을 것이다. 지금 내 애인보다 더 다정하지만 덜 똑똑한 사람이 있다면, 무슨 수로 둘 중 한 명을 고를까? 혹은 공통의 관심사는 더 많지만 죽이 잘 맞지 않는 사람이 있다면? 내가 중시하는 두 가지 속성을 서로 트레이드오프하려면 나는 대체 몇 대 몇의 비율을 적용해야 할까?

최선이라는 말은 스칼라(1차원적인 척도)라는 뜻이다. 내가 숫자 하나로 두 선택지를 비교할 수 있다는 뜻이다. 카너먼이 제안한 것처럼 채용 후보를 고를 때라면 그렇게 스칼라를 사용하는 것도 최악의 방법은 아닐 것이다. 그러나 일생을 함께할 배우자를 선택하는 일은 그처럼 단순하지 않다. 평생의 동반자는 성격, 미덕, 악덕, 장점, 단점, 별의별 것을 다 고려해야 하는 극한의 복합적 지표다. 한 명의 인간이다. 그리고 이 복합적 지표를 경험하는 방식도 시간이 지나면 서서히 바뀐다. 왜냐하면 이상적인 경우, 배우자와 함께 당신도 성장해 나가기 때문이다. 결혼에서 당신이 중시하는 목표는 절대로 하나일 수가 없다.

그러니 과연 몇 명의 구혼자를 고려해야 할지 최선의 인원이라는 것도 알 수 없고(그렇지만 아마도 108명보다는 작을 거라는 데 다들 동의하리라 본다), 벤치마크가 되었든 또는 결과가 되었든 최선이라는 것을 정의할 명확한 방법도 없다.

이렇게 주장하면 흔히들 이런 반응을 보인다. "그래, 그래. 당연히 최고의 배우자는 찾을 수 없겠지. 그렇지만 최대한 거기에 근접하는 게 목표 아니겠어?" 수많은 영역에서 이런 주장을 내놓는다. 비록 완벽하지는 않더라도 최대한 계량화하는 편이 낫다는 것이다. 하지만 그런 주장은 척도의 불완전성을 알고 있으면서도 우리가 '정확한 척도'라는 유혹에 넘어가지는 않을 거라고 가정한다. '완벽함'은 '그럭저럭 괜찮음'의 적이라는 말은 맞다. 하지만 '거의 완벽함' 역시 똑같이 위험할 수 있다.

적당히 타협하는 건 잘못이라고, 훌륭한 사람이 아니라 '그럭저럭 괜찮을' 뿐인 사람에게 만족하면 안 된다고 답할지도 모르겠다. 하지만 나는 그보다 더한 주장을 하려고 한다. 나는 여러분에게 타협하라고 권장하는 게 아니라, 타협'해야만 한다'고 강력히 주장한다. 최선의 배우자·커리어·도시란 존재하지 않는다. 찾기 힘들기 때문만은 아니다. 그게 의미 있는 개념이 아니기 때문이다.

이는 사회과학자 허버트 사이먼의 주장이다. 그는 최적화(최고의 결과를 찾아내는 것)라는 게 인간의 한계를 벗어난다고 주장했다. 내가 이 책에서 타협이라고 부르는 것은 사이먼이 만족화^{satisficing}라고 불렀던 것과 밀접한 관련이 있다. 만족화는 '만족^{satisfying}'과 '충족^{sufficing}'을 합친 단어인데, 제한된 지식으로 최선을 다해 보는 것을 뜻한다. 정식 모형에서 만족화는 최소한의 기준선(예컨대 '엘라투스 정도는 되어야 한다')이 있다. 그렇지 않으면 최선을 찾아다녀도 아무 소득이 없기 때문이다. 하지만 일반적으로 만족화는 사실 우리가 바랄 수 있는 최선이다. 우리의 관심사가 온통 좁은 의미의 공리주의적 요소들뿐이라고 하더라도 말이다.

'내가 지금 타협하는 게 아닌가?'라는 두려움은 우리를 꼼짝 못하게 만들 수도 있다. 아무런 결정도 내리지 않을 핑계가 되는 것이다. 어찌 되었든 타협이라는 단어는 꼭 맞는 단어는 아니다. 타협한다는 것은 조금 못한 선택지도 기꺼이 받아들인다는 뜻인데, 결혼이나 기타 온갖 종류의 답이 없는 문제에서 고려 사항 중에 '조금 못한' 것들이 끼어 있는 경우는 거의 없다. 우리 앞에 놓인 선택지들은 일부 측면은 다른 것들보다 좋아 보이지만, 다른 측면이 그보다 못한 경우다. 일부 사람들이 타협이라고 부르는 것은 사실 '이제는 결정을 내릴 때가 됐고 더 나은 선택지는 도저히 없을 거라는 걸 깨달았다'는 뜻이다. 이는 타협이 아니라 '결정'이라고 불러야 마땅하다.

결혼은 최선이 '그럭저럭 괜찮음'의 적이 되는 전형적인 경우다. 결혼은 왜 이렇게 어려울까? 내가 찾아낸 도시가 내가 살기에 최적인 도시임을 확신하지 못한다고 해서 우리가 이 도시, 저 도시로 이사하지는 않는다. 그러나 배우자의 경우에는 실제로 어느 한 배우자에게 정착하는 데 어려움을 겪기도 한다. 혹시나 더 좋은 배우자를 찾을 수 있지 않을까 하는 두려움 때문이다. 아니면 더 큰 문제가 있을 수도 있다. 내가 지금 결혼하려는 사람이 내가 예상했던 그런 사람이 아닌 것 같은 두려움, 내가 생각하는 내 수준에 맞는 사람이 아닌 것 같은 두려움이다. 그게 대체 무슨 의미인지는 차치하더라도 말이다.

누구와 결혼할 것인지의 문제는 어쩌면 앱이나 알고리즘이 도움을 줄 수 있는 유형의, 답이 없는 문제일 수도 있다. 매치닷컴match. com이나 이하모니eHarmony 같은 온라인 결혼 정보 사이트는 서로에게 잘 맞는 사람을 찾아 주려고 한다. 나는 잠시 이하모니의 자문위원회에 몸담았던 적이 있다. 훌륭한 배우자감을 찾는 문제와 관련해 그곳 사람 한 명과 최근에 이야기를 나누었다.

그는 설문지 작성을 통해서 좋은 짝, 심지어 최고의 짝을 찾아

준다고 주장하는 이하모니의 알고리즘이 강력해서 자신들이 성공했다고는 생각하지 않았다. 성공 요인은 그보다 훨씬 단순했다. 이하모니가 성공할 수 있었던 것은 결혼을 진지하게 생각하는 사람들을 서로 연결해 주었기 때문이다. 이하모니에 등록하려면 긴 설문에 응답해야 하고, 거기에 적힌 설문 내용도 단순히 데이트를 하고 싶은 사람들보다는 결혼을 진지하게 생각하는 사람들을 위한 것이다. 결혼하고 싶은 사람들에게는 유용한 팁이다. 정말로 간절히 결혼하고 싶다면, 결혼을 진지하게 생각하는 사람과 데이트를 하라.

누구와 결혼할 것인지의 문제는 답이 없는 문제가 얼마나 복합적인지를 아주 잘 잘 보여 준다. 누군가와 함께했을 때 하루하루가 어떨지를 예측하는 것은 불가능하다. 심지어 그 하루하루를 예측할 수 있다고 해도, 그로 인해 당신의 인간적 성장이 어떤 영향을 받을지까지 예측할 수는 없다. 나중에 누군가의 배우자가 된 나라는 사람이 마음에 들지, 특히나 바로 이 사람의 배우자가 된 내가 스스로 마음에 들지 어떨지는 알 수 없는 일이다.

그러면 이제 우리는 어떻게 해야 할까? 현대인들은 흔히 사랑을 찾아다니며 누구와 함께하면 가장 행복할지 상상해 보려고 애쓴다. 그렇지만 인간적 성장은? 인간적 성장을 염두에 두면 평생의 반려자를 선택하는 데 어떤 도움이 될까?

이런 종류의 답이 없는 문제를 생각할 수 있는 방법이 하나 있다. 어쩌면 이 방법은 결혼 상대를 고르는 문제 말고도 여러모로 도움이 될 것이다.

로마에서 3주를 보낼 기회가 생겼다고 생각해 보자. 당신은 평생에 로마를 구경할 기회는 이번뿐이라고 굳게 믿고 있다. 로마에 가면 다른 데서는 볼 수 없는 놀라운 박물관도 많고, 입이 떡 벌어질 옥외 조각상들도 있을 테고, 지금까지 무너지지 않은 게 신기한 고대 유적도 있을 것이다. 근사한 음식과 감미로운 와인, 이리저리 헤매며 다니고 싶은 좁다란 골목길도 있을 것이다.

당신은 관광객들이 많이 찾는 명소 외에도 뚜렷한 목적지 없이 그저 거닐며 시간을 보내 보고 싶다. 정처 없이 배회한다는 게 아니라 이런저런 생각을 하며 걷는, 소위 한량이 되어 보고 싶다. 콜로세움의 벽을 비추는 아침 햇살에 감탄도 하고, 테베레강을 가로지르는 다리 위에 서서 발밑으로 지나는 뱃사공도 구경하고, 스페인 광장에서는 일몰을 지켜보고, 그냥 로마 자체를 온몸으로 흡수하며 이 도시를 볼 수 있는 기회가 주어진 것에 감사하고 싶다.

당연히 좋은 시간을 보내고 싶지만 당신은 여행을 통해 성장하기를 바라는 마음도 있다. 2,000년 이상 거슬러 올라가는 로마의 역사에 관해서도 알아보고, 그 과정에서 무언가 영적인 체험을 해 볼 수 있다면 더욱 좋을 것이다. 또 비록 오페라 팬은 아니지만 베르디와 푸치니의 나라로 떠나기 전에 오페라를 한번 보면 어떨까 하는 생각도 해 본다.

그런데 여행을 준비하다 보니 실망스러운 게 있다. 로마에 다녀온 적이 있는 주위 사람들이 로마의 어떤 점이 특별했는지 말로 제대로 표현을 못 하는 것이다. 구체적으로 무언가 추천해 주는 내용이 없다. 구글에서 '로마Rome'를 검색하면 뉴욕주에 있는 도시 '롬Rome'만 보여 준다. 아마존 사이트에 들어가 봐도 로마에 대한 가이드북은 없고, 동네 도서관에서 찾을 수 있는 가이드북이라고는 사진이 죄다 흑백인 1940년대에 출판된 책뿐이다. 이제 어쩔 것인가? 당신은 평소에 합리적인 사람이라고 자부하지만, 이럴 땐 대체 어떻게 해야 로마에서 할 일을 합리적으로 결정할 수 있을까? 로마에서 과연 뭘 할 수 있는지, 내가 그걸 좋아할지 어떨지 전혀 모르는 상태인데 말이다.

인생이란 가이드북 없이 로마 여행 계획을 짜는 것과 아주 흡사하다.

여러분의 유일한 관심사가 지구에 머무는 이 짧은 시간 동안 오로지 즐겁게 보내는 것뿐이라고 해도, 과연 무엇이 기쁨과 쾌락과 만족을 가져올지 예측하기는 쉽지 않을 것이다. 그리고 대부분의 사

어떤 인생 문제들은 정답이 없다. 그래도 괜찮다.
실은 괜찮은 정도가 아니라 눈부시게 아름다운 일이다.
인생이란 지도 없이 지구를 행군하는 여행이다.

람은 단순히 즐겁게 지내는 것 말고 다른 것에도 관심을 둔다. 우리는 목적과 의미를 찾고 싶어 한다. 옳은 일을 하고 싶어 한다. 어딘가에 소속되고 싶다. 인생을 잘 살고 싶다. 인간으로서 성장하고 싶다.

미래에 우리가 뭘 좋아하게 될지는 예측할 수 없다. 그날그날의 경험이라는 협소한 일상을 넘어 내가 어떤 사람인지를 정의할 더 심오한 즐거움들은 절대로 일일이 다 미리 상상할 수가 없다.

이런 무지를 직시하는 데서부터 시작하라. 답이 없는 문제들은 정답이 있는 게 아니다. 그리고 그래도 괜찮다. 실은 정답이 없다는 건 그냥 '괜찮은' 정도가 아니라 눈부시게 아름다운 일이다. 생애 처음이자 마지막으로 로마를 방문하는 것처럼 아름다운 일이다. 물론 로마를 방문할 때 잘 짜인 일정표를 받아 보고 싶은 사람도 있을 것이다. 사람들이 많이 찾는, 미리 정해진 곳에만 정차하는 투어버스처럼 말이다. 그렇지만 대부분의 사람은 내가 로마에서 좋아하는 게 무엇이고, 실제로 가 보니 뭘 좋아하게 되었는지 스스로 알아 가는 편을 선호할 것이다. 누군가 미리 다 짜 놓는 것보다는 반갑게 놀랄 일들이 생기는 편이 더 좋지 않을까? 그리고 이는 중요하지 않다. 어차피 우리는 세세한 곳까지 다 계획을 세울 수도 없기 때문이다.

그런데 가이드북 없이 로마에 도착했다면 어떻게 해야 할까?

한 가지 생각해 볼 수 있는 방법은 함께 여행할 사람을 찾는 것이다. 로마에 과연 무엇이 있는지 내가 발견해 가는 과정을 옆에서 도와줄 사람 말이다. 콜로세움을 방문하고 나서 함께 얘기를 나눌 수 있는 사람. 당일치기로 방문한 피렌체에서 미켈란젤로의 다비드상을 보고 나와 똑같이 기뻐할 수 있는 사람. 심지어 그 기쁨을 배가시켜 줄 사람.

함께 여행하기에 좋은 사람은 누굴까? 같이 있으면 즐거운 사람. 음식이나 박물관, 오페라 취향이 같은 사람. 내가 혹시 오페라를 좋아할 수 있는지 알아보려고 할 때 똑같이 호기심을 보여 줄 사람. 당신이 혹시 박물관을 싫어한다면 바티칸 궁전에서 이틀이나 보내고 싶어 하는 미술 애호가와는 여행을 함께하고 싶지 않을 수도 있다.

세상의 그 어떤 가이드북도, 아무리 훌륭한 책이라 해도 누구와 함께 여행하라고 알려 줄 수는 없다. 할 수만 있다면 가장 친한 친구와 결혼하라. 마음을 터놓을 수 있고, 말없이도 함께 있을 수 있는 그런 사람 말이다. 마음씨가 착한 사람. 뭐가 중요한지(가치관과 원칙) 같은 관점을 지닌 사람. 죽이 잘 맞는 사람. 내가 존중하고 나를 존중하는 사람을 찾으라. 이만하면 그냥 '그럭저럭 괜찮은' 정도가 아니다. 환상적인 커플이다. 최고의 짝을 찾아야 하는 게 아니다. 옆에서 함께 삶을 헤쳐 나갈 수 있는 사람, 이 긴 여정을 공유할 사람이면 된다. 그리고 어쩌면 당신의 결점들을 존중하면서도, 당신이 지금보다 더 나은 사람이 되겠다는 열망을 품을 수 있게 도와줄 사람을 찾을 수도 있을 것이다.

전통을 염두에 두는 것도 나쁜 생각은 아니다. 내 생각에 현대인들은 대부분 전통이라는 걸 거의 미신 수준으로 경멸하는 듯하다. 하지만 전통을, 세월의 시험을 이겨 낸 무언가로 생각해 보는 것도 괜찮다. 살아남은 모든 게 반드시 가치 있는 건 아니다. 전통을 존중하지 않을 수도 있다. 하지만 출발점으로서는 나쁘지 않다.

그렇다면 당신과 비슷한 사람, 배경이 비슷하거나 같은 종교 혹은 무교이거나 유머 감각이 있는 사람 등등과 결혼하라는 조언은 구닥다리라고 즉각 무시할 일은 아니다. 때로는 구식이 최첨단을 이긴다.

이게 바로 G. K. 체스터턴의 이름을 따서 '체스터턴의 울타리'라고 부르는 원칙이다. 누구나 이해가 가지 않는 무언가를 만나면, 예컨대 뜬금없는 곳에 뚜렷한 목적도 없이 울타리가 쳐져 있다면 그냥 없애 버리고 싶은 유혹이 일 수도 있다. 하지만 울타리를 없애기 전에 그게 거기에 왜 있는지 이유를 알아보려고 시도는 해 보아야 한다. 얼른 눈에 띄지는 않더라도 무언가 이유나 목적이 있을지도 모르기 때문이다. 이는 수많은 답이 없는 문제에 똑같이 해당되는 얘기다. 어쩌면 결혼과 자녀가 당신에게는 맞지 않을 수도 있다. 가치관을 많이 공유하는 사람, 비슷한 배경을 가진 사람과 결혼한다는 게 당신에게는 말이 안 되는 일일 수도 있다. 하지만 세상은 오랫동안 그런 식으로 유지되어 왔다. 저 울타리를 없애 버리기 전에 한 번쯤 잠시 생각이라도 해 보는 편이 좋을지 모른다. 당신이 이해할 수 없는 그 관행이 생긴 데는 뭔가 이유가 있을지도 모르기 때문이다.

다윈은 전통적 경로를 따른 것이 분명하다. 그는 본인이 작성한 비용-혜택 목록에도 불구하고 결혼을 했을 뿐만 아니라 최고의 아내를 찾는 데 많은 시간을 쓰지도 않았다. 그는 자신과 아주 비슷한 세상에 살며 비슷한 경험을 한 사람과 결혼했다.

일기장에 "결혼한다―결혼한다―결혼한다. 증명 끝"이라고 쓴 다윈은 108명의 선택지를 훑지 않았다. 19세기였으니 시대가 달랐다. 결혼에 관한 내면의 대화를 나누고 나서 1년이 채 못 되어 다윈은 사촌인 에마 웨지우드와 결혼했다. 그는 멀리 가지 않은 게 틀림없다. 두 사람은 1882년 다윈이 죽을 때까지 40년 이상 결혼 생활을 유지했다. 열 명의 자녀를 낳았고, 그중 일곱이 무사히 자라 어른이 됐다.

그래서 결국 결혼이 다윈에게는 어떤 결과로 판명되었을까?

결혼하고 20년 후에 다윈은 《종의 기원》을 발표했다. 결혼 32년

차에는 《인간의 유래》를 출판했다. 그사이 난초, 분변토, 식충 식물에 관한 책들을 출간했다. 그리고 할아버지인 이래즈머스 다윈의 전기도 썼다. 자서전도 냈다. 안타깝도다! 다윈이 결혼을 하지 않았더라면, 뭐라도 더 이룰 수 있었을 텐데!

농담을 했지만, 애초에 옳은 결정이란 없다. 다윈이 결혼한 여자가 그를 비참하게 만들었을 수도 있다. 결혼으로 마음의 평온이 깨져 위대한 과학적 업적도 남기지 못하고, 당시의 사회적 규범 때문에 이혼도 못 했을지 모른다. 실제로 다윈은 친구들에게 보낸 편지에서 자녀가 아플 때는 연구를 할 수가 없고, 자신이 아이들에게 만성적인 허약함을 물려준 건 아닌지 두렵다고 말하고 있다. 자녀 몇은 어릴 때 사망하여 다윈에게 크나큰 고통을 안겨 주었다.

결혼을 하고 아버지가 된 무게 때문에 역사에서 다윈이 차지하는 위치가 달라졌을 수도 있다. 앨프리드 러셀 월리스(박물학자, 진화론자이면서 동시대를 살았던 다윈의 연구 성과를 인정해 《다위니즘》을 출판한 학자 — 옮긴이)가 다윈보다 훨씬 더 유명해졌을지도 모른다. 다윈의 결혼 생활은 성공이었던 것으로 보이지만, 말년에는 그의 과학적 관점과 아내의 종교적 관점이 서로 충돌해 두 사람의 관계가 이전처럼 단순하지만은 않았다.

베이컨과는 달리 다윈은 훌륭한 배우자를 찾아냈고, 그녀는 예상치 못했던 방식으로 다윈의 인간적 성장을 도운 것으로 보인다. 자서전에서 다윈은 아내의 훌륭한 품성에 관해 이야기하다가 다음 과 같이 끝맺는다.

> 내가 얼마나 운이 좋은 사람인지 생각하면 경이롭다. 아내는 도덕 적 자질의 모든 면에서 나보다 무한히 훌륭한 사람임에도 불구하고 내 아내가 되어 주었다. 평생토록 아내는 현명한 조언자였고 발랄 한 성격으로 내 마음을 편하게 해 주었다. 아내가 아니었다면 나는 건강을 해치고 긴 세월 비참하게 보냈을 것이다. 아내는 주위 모든 사람에게 사랑과 존경을 받았고, 충분히 그럴 자격이 있는 사람이 었다.

실제로 다윈은 결국 런던을 떠났다. 그는 시골을 좋아하게 되었 다. 다윈은 소파에서 그저 수다를 떠는 수준을 넘어, 하루에도 몇 번 씩 에마 다윈에게 큰 소리로 책을 읽어 달라고 했다. 이것 역시 좋아 했던 게 분명하다.

하지만 나는 에마와의 결혼이 다윈에게 이런저런 유쾌한 인생 경험을 넘어서는 훨씬 큰 의미였다고 생각한다. 1839년 1월 결혼을 일주일 앞두고 에마 웨지우드에게 보낸 편지에서 다윈은 자신이 단순히 결혼 자체를 열망하는 게 아니며, 혼자일 때보다 더 나은 사람이 되기를 열망한다는 사실을 분명히 밝힌다. 다윈은 아내가 될 에마를 인생이라는 긴 여정을 함께 헤쳐 나갈 동반자로서 그의 인생을 더 의미 있게 만들어 줄 사람으로 보았다. 곁에 누군가가 함께할 수 있다면, 심지어 과학적 진리를 추구하는 것보다도 더 의미 있는 삶이 되리라고 생각한 것이다. 그가 더 성숙해진 것인지 아니면 교제 과정에서 그리된 것인지는 알 수 없지만, 다윈은 그가 작성한 결혼의 비용-혜택 목록이 불완전하다는 사실을 이미 간파하고 있었다.

다윈은 편지의 도입부부터 결혼을 통해 자신이 "서서히 짐승의 상태를 벗어나기를" 바란다고 말한다. "당신이 나를 인간답게 만들어 줄 것이며, 혼자서 조용히 팩트를 수집하고 이론을 세우는 것보다 더 큰 행복이 있다는 걸 머지않아 나에게 알려 주리라고 생각합니다. 사랑하는 에마, 나도 최선을 다할 테지만 다가오는 화요일에 열릴 예식을 당신이 결코 후회하는 일이 없기를 진심으로 기도합니다. 사랑하는 내 미래의 아내에게 신의 가호가 함께하기를."

물론 다윈이 최고의 아내를 찾아낸 건 아니다. 그런 건 바보들이나 시도하는 짓이다. 그러나 다윈은 자신의 인간적 성장을 도와줄 배우자를 찾아낸 것이 분명하다.

마틴 가드너가 《사이언티픽 아메리칸》에 발표한 내용을 여러분의 사생활에 적용하려고 하면 문제가 하나 더 있다. 마틴 가드너는 상대가 누가 되었든 여러분이 결혼하자고 하면 기꺼이 결혼할 거라고 가정한다. 하지만 실제로 그런 호사를 누리는 사람은 극히 드물다. 페넬로페에게는 구혼자가 108명이나 있었다. 그러나 우리 중에 다수는 구혼자가 한 명만 있어도 행운일 것이다. 그리고 그 한 명이 반드시 나와 잘 맞으리란 보장도 없다.

탱고를 추려면 두 사람이 필요하다. 그래서 영영 결혼하지 못하는 사람도 많다. 끝내 잘 맞는 사람을 찾아내지 못하는 것이다. 일찍 결혼하는 전통이 이미 수십 년 전에 사라져 버린 현대인들에게는 특히나 이런 경우가 많다. 결혼이 아닌 우정도 인간적으로 성장하는 한 가지 방법이다. 결혼하지 않은 내 친구들을 보면 대단한 우정을 형성하는 경우가 많다. 이들은 배우자나 자녀가 없으니 우정에 쏟을 시간이 많고 헌신적으로 좋은 친구, 좋은 삼촌, 좋은 이모가 된다. 결혼한 커플들에게 친구와의 우정이 차지하는 역할에 비하면, 이들에게 우정은 삶의 의미와 인간적 성장의 큰 원천이다.

친구와 가족이 삶에 의미를 부여하는 중요한 원천이라는 데는 대부분이 동의할 것이다. 하지만 친구나 가족과 어떻게 교류할 것인가 하는 문제는 답이 없는 문제들 중에서도 특별한 종류다. 이 문제는 결혼을 하거나 부모가 되는 것처럼 극적이지는 않지만, 내 시간을 어떻게 쓰고 그래서 그 선택의 결과가 어떻게 될지는 종종 예측하기 힘든 경우가 많다. 이 문제가 어려운 이유는 변화가 극적이어서가 아니라 결과적으로 많은 것들이 좌우되기 때문이다. 내가 내 시간을 사용하는 방식에는 '그래서 나한테 뭐가 좋지?'라는 부분이 크게 작용한다. 가족이나 친구와 시간을 보내는 건 나중에도 얼마든지 할 수 있다고 스스로 되뇌기 쉽다. 어쨌거나 그들은 나를 늘 응원하는 사람이기 때문이다. 내 친구이고 내 가족이 아닌가.

일, 혹은 일에서 성공하고 싶다는 욕망이 우리를 그들로부터 멀어지게 한다. 가족의 경우, 내가 일에 더 많은 시간을 쓰는 것은 나 자신을 위해서가 아니라 가족들을 위한 거라고 합리화할지도 모른다. 내가 노력해서 승진을 하면, 내가 더 많이 일해서 결과적으로 월급이 늘면, 결국 그 덕을 볼 사람은 가족들이라면서 말이다.

가족들과 떨어져서 노는 시간 역시 합리화할 수 있다. 골프를 치거나 축구를 보거나 핸드폰을 만지작거리는 시간 말이다. 우리는 더 좋은 친구, 배우자 혹은 부모가 되려면 일종의 휴식으로써 그렇게 노는 시간이 필요하다고 스스로 되뇐다. 우리는 이런 재밋거리의 유혹에 쉽게 빠져든다. 그것들은 언제나 가로등 밑에서 환하게 빛나고 있기 때문이다. 우리가 나 자신을 우주의 중심으로 보는 것은 자연스러운 일이다. 그러니 무슨 수로 친구나 가족의 중요성을 기억할 수 있을까?

　하루도 빠짐없이 우리는 '주위 사람들과 어떻게 교류할 것인가'라는 문제에 직면한다. 나는 어떤 종류의 친구나 부모, 동료가 되고 싶은가? 이는 청혼을 하거나 아이를 낳는 것처럼 극적인 문제는 아니다. 그러나 친구, 부모, 동료로서 어떻게 행동하는가(내가 주위 사람들을 어떻게 대접하는가?) 하는 부분은 내가 어떤 사람인지를 정의한다. 비록 그 정의의 내용은 (더 극적인 인생 결정들에 비하면) 거의 알아차릴 수 없을 만큼 긴 세월에 걸쳐 서서히 밝혀지지만 말이다. 매일매일 우리는 주위 사람들을 나의 인간적 성장을 도와주는 사람들로 볼 수 있고, 더 공리주의적인 쾌락을 달성하게 도와주는 이들로 볼 수도 있다. 이 두 가지 힘은 자주 경쟁한다. 다음 장에서는 이 경쟁을 어떤 식으로 생각해야 여러분이 되고 싶은 바로 그 사람이 될 수 있을지 알아보자.

8장

세상과
나

비틀거리지 않고
관계에 대처하는 법

66

자신을 구하는 유일한 길은 남을 구하고자 애쓰는 것이다.
- 니코스 카잔차키스, 《그리스인 조르바》

99

어디서 나왔는지는 모르겠지만, 이런 말이 있다. '빨리 가고 싶으면 혼자 가고, 멀리 가고 싶으면 함께 가라.' 나는 늘 혼자 가는 게 아무렇지도 않았다. 아내도, 나도, 시인 데이나 지오이아Dana Gioia가 말하는 "혼자 있을 수 있는 능력"이 있다. 오늘날처럼 각종 앱과 화면이 시선을 꽉 붙드는 세상에서 한번 키워봄 직한 능력이다. 그러나 더 긴 여정의 경우라면 아내나 나나 서로가 옆에 있는 걸 선호한다. 이 원칙은 결혼 생활에만 해당되지 않는다. 일을 할 때, 자원봉사를 할 때, 재미난 게임을 할 때도 우리는 남들과 함께한다. 협동은 생각보다 소중하다.

남들과 잘 지내는 것(좋은 친구, 배우자, 동료가 되는 것)은 우리가 매일 마주치는 답이 없는 문제다. 해야 할 일 혹은 혼자 있고 싶은 욕구와 나와 함께 시간을 보내고 싶어 하는 주위 사람들의 욕구 사이에서 우리는 균형을 잡으려고 애쓴다. 인간적 성장에 초점을 맞추면 이 긴장 관계를 해소하는 데 어떤 도움이 될까? 어떻게 하면 우리는 더 좋은 친구, 더 좋은 배우자, 동료가 될 수 있을까?

자기중심성을 극복하는 것도 훌륭한 출발점이다. 내가 우주의 중심이 아님을 인식하는 것이다. 그러려면 어느 정도의 자각이 필요하다. 나의 말과 행동이 남들에게 어떤 영향을 주며, 남들은 나를 어떻게 받아들이는지 알 필요가 있다. 자각은 심리 치료나 명상, 종교를 통해서도 생길 수 있고, 철학이나 문학 서적을 읽어서 얻을 수도 있다.

종교나 명상이 좋은 방향으로 힘을 제대로 발휘하면 나 자신뿐만 아니라 나보다 더 큰 무언가를 느낄 수 있다. 소속감뿐만 아니라 초월을 경험할 수 있다. 그러나 종교나 명상 등이 잘못 작용하면 일종의 자아도취나 나르시시즘으로 변질될 수도 있다. 지나치게 자기 자신만 바라보며 자기중심적이 되는 것이다. 그런데 지금 하려는 이야기는 조금 다른 맥락이다. 내 말은 우리가 종종 무의식적으로 생각하거나 말한다는 사실을 인식하라는 얘기다. 우리는 아침에 있었던 일 때문에 엉뚱한 곳에서 화가 폭발하기도 하고, 어떤 종류의 대화는 응당 폭발로 이어지는 게 헤어 나올 수 없는 하나의 습관처럼 자리 잡기도 한다.

예를 들어 부부 사이라면, 한쪽에서 이 말만 하면 상대가 발끈하는 이야기가 있을 수도 있다. 철저히 무의식적이지만 세월이 흐르면서 그렇게 길이 든 것이다. 이럴 때 명상이나 심리 치료 혹은 종교가 제대로 힘을 발휘한다면, 그 정해진 반응을 하기 전에 잠시 멈출 수 있을 것이다. 그렇게 멈춰 보면, 실제로 지금 내 마음에서 일어나고 있는 일은 말로는 표현하기 힘들다는 걸 깨달을 수 있을 것이다. 또한 내가 꼼짝도 못 하고 갇혀 있는 이 시나리오를 박차고 나가도 된다는 걸 기억할 수 있을 것이다. 실은 무의식중에 나오는 반응이 상대의 발언보다는 나 자신의 두려움이나 욕망, 욕구의 영향임을 깨달을 수 있을 것이다. 내가 그런 습관적 반응을 탈피해서 더 신중하고 사려 깊은 사람이 될 수도 있다는 걸 기억할 수 있을 것이다. 연습을 거듭하면 습관적 반응도 더 좋은 쪽으로 바꿀 수 있다.

이런 식으로 자각을 높이려고 할 때 어려움 중의 하나는 자각이 자연스럽게 일어나지 않는 것 같다는 점이다. 그리고 공리주의적인 방식으로 삶에 접근하면 한층 더 어려워진다. 만약 늘 속으로 '그게 나한테 뭐가 좋아? 나한테 어떤 혜택이 있어? 비용보다 혜택이 더 커?'라고 묻고 있다면 내가 타인들과 어떤 식으로 대화하는지, 내 행동이 혹시 상대가 나에게 바라는 바를 감안하지 못한 것은 아닌지 눈치채기가 어렵다.

그렇다면 마치 자동 조종 모드처럼 계속 되풀이되고 있는 이 시나리오를 깨고 나오려면 대체 어떻게 해야 할까? 이 시나리오가 내 인간관계를 망치거나 죽이고 있는 건 분명한데 말이다. 어떻게 해야 자기중심성을 극복하는 데 도움이 되는 방식으로 나라는 사람의 개인적인 내러티브(내 인생 스토리라고도 부를 수 있는 것)를 새로 쓸 수 있을까? 우리는 내가 쓴 나에 대한 내러티브에 점점 익숙해진다. 나는 희생자, 영웅, 슈퍼스타, 루저 등등이라고 말이다.

어쩔 수 없이 우리는 내가 만들어 가는 리얼리티 쇼의 주인공은 나라고 생각한다. 나라는 주인공이 인생의 여러 중대한 의사 결정에 직면한다. 어디에 살지, 무슨 일을 할지, 누구와 결혼할지 등등 바로 여러분 인생의 답이 없는 문제들이다. 그 과정에서 훌륭한 드라마가 으레 그렇듯이 온갖 전형적이면서도 예상치 못한 방식으로 삶이 끼어든다. 플롯은 꼬이고 덕분에 스토리는 흥미진진해진다. 여러분이 병에 걸린다. 채용될 줄 알았던 회사에 떨어진다. 고백한 상대방이 거절한다. 예상치 못한 영광을 누릴 때도 있다. 사업을 시작한 친구가 전혀 기대하지 않았던 일자리를 제안한다. 친구와 여행을 떠났는

데 연인이 되어 돌아온다.

이 모든 과정을 지나면서 여러분은 버티기도 하고 포기하기도 한다. 웃기도 하고 울기도 한다. 춤을 추기도 하고 구경꾼이 되기도 한다. 계획을 짜고, 희망을 품고, 꿈을 가진다. 과거의 성공을 떠올리고 미래의 성공을 상상한다. 플롯이 꼬였지만 결과적으로 잘되었다며 자축한다. 그리고 늘 그런 건 아니지만 종종 어두운 에피소드들을 기억해 낸다. 그리 달갑지 않은 에피소드가 줄줄이 이어진 때도 있었다. 최선의 노력을 다했는데도 결과는 좋지 못했다. 과거란 스토리가 계속해서 늘어나는 기록 보관소다. 당신은 미래로 갈 때 이 기억들을 가지고 간다. 그리고 미래는 당신이 만들어 가고 싶은 온갖 스토리를 담고 있다.

우리는 타인보다는 나 자신을 더 많이 생각하도록 만들어져 있기 때문에 내 마음속 영상 화면에서는 '내 인생 스토리'라는 내면의 드라마가 24시간, 일주일 내내 펼쳐지고 있다. 그러니 당신의 인생이라는 드라마에서 주인공은 당신이고 주위 모든 사람은 조연이라고 생각하는 것도 무리가 아니다.

이 내러티브는 우리 머릿속을 꽉 채우고 있고, 그러다 보니 하루하루 삶을 경험하는 방식에도 영향을 준다. 우리는 나에게 일어나는 일과 앞으로 일어났으면 하고 바라는 일을 이 내러티브를 바탕으로 이해한다. 이런 것들은 불완전할 수밖에 없다. 이 드라마의 작가인 우리는 나에게 초점을 맞춰서 마음속 내러티브를 써 내려가는 경향이 있는데, 이게 꼭 정확한 것만은 아니다.

애덤 스미스는 우리가 나 자신을 바라보는 방식이 반드시 실제와 일치하지는 않는다는 사실을 알고 있었다.

> 사람들이 말하길, 그는 대담한 외과 의사라고 한다. 심지어 자기 몸을 수술할 때조차 손이 떨리지 않는다고 한다. 그는 또 종종 자기기만이라는 미스터리한 베일을 주저 없이 벗어 던질 수 있을 만큼 대담하기도 하다. 자기 행동이 얼마나 기형적인지 보지 못하게 가리고 있는 그 베일 말이다.

나만의 내러티브를 써 내려가는 작가로서 우리는 종종 주인공의 진실을 알아보는 데 어려움을 겪는다. "자기기만이라는 미스터리한 베일"은 들추기가 쉽지 않다.

옛날 사람들은 내가 나만의 소설을 쓰는 작가라고 생각했다. 현대인들은 소설보다는 영화 쪽이다. 그러니 나의 관점에서 내 인생 스토리란 내가 트루먼 역할을 하는 〈트루먼 쇼〉 같은 것이다. 물론 실제 〈트루먼 쇼〉보다 관객은 훨씬 적지만. 실은 관객은 딱 한 명, 나

뿐이지만. 내가 주인공이고 내 인생 스토리를 그런 식으로 바라보는 사람도 고작 나뿐이지만, 나는 대체로 그 사실을 눈치채지 못한다. 앞서 일어난 에피소드와 만약에 시즌이 연장될 경우 앞으로 벌어질 에피소드, 그 대본을 생각하느라 너무 바쁘기 때문이다.

그런데 삶을 다른 식으로 생각할 수도 있다. 내용이 자기중심적이라는 점과 스토리텔링 부분은 바꾸기 어렵겠지만, 주인공 부분은 달리 생각할 수도 있다. 나만의 리얼리티 쇼에서 내가 주인공이고 주위 모든 사람은 조연이라고 생각한다면, 인생의 큰 부분을 놓치게 될 뿐만 아니라 내가 맡을 수 있는 다른 역할을 볼 수 없다.

나 자신을 주인공으로 보려는 게 자연스러운 충동이다 보니, 우리는 주위 사람들에게는 덜 중요한 역할을 부여한다. 어느 중학교에서 뮤지컬 〈마이 페어 레이디〉를 제작한다고 한번 상상해 보자. 감독을 맡은 사람이 공교롭게도 베네딕트 컴버배치와 고등학교 동창이어서, 어찌어찌 컴버배치를 엘리자 둘리틀의 아버지인 청소부 앨프리드 역에 출연시킬 수 있게 됐다고 하자.

앨프리드는 이 뮤지컬의 주연이 아니지만, 〈운만 조금 따른다면With a Little Bit of Luck〉과 〈제시간에 교회로 데려다주세요Get Me to the Church on Time〉라는 근사한 노래 두 곡과 훌륭한 대사가 몇 개 있다. 중학생들 뮤지컬에 베네딕트 컴버배치가 앨프리드 역할을 맡는다면 학생에게는 잊지 못할 추억이 될 것이다. 그리고 베네딕트 본인도 자신의 인생 스토리에 추가할 만한 훌륭한 이야깃거리 몇 개를 건져 갈 것이다. "내가 말이야. 고등학교 동창 때문에 이런 일을 했던 적이 있어…."

자신들의 공연에 진짜 배우, 그것도 유명 스타를 세우게 되어서 가슴이 벅차고 경외에 빠져 있을 중학생들과 베네딕트 컴버배치 사이의 관계는 뭐라고 표현해야 좋을까? 가장 간단한 답은 '소원疏遠함'이다. 저들은 비슷하지조차 않다. 비슷하지조차 않기 때문에 제대로 된 관계를 맺을 수 없다. 물론 어느 정도의 관계는 생길 것이다. 같은 공연을 하고, 같은 장면에 출연하기 때문이다. 그리고 무대 밖에서도 약간의 대화를 나눈다. 하지만 의미 있는 방식으로 서로 교류하는 것은 아니다. 유명 스타와 나머지 출연진 사이에는 건널 수 없는 커다란 강이 흐른다. 무대 위 혹은 무대 밖에서 컴버배치가 과연 자신의 본모습을 손톱만큼이라도 보여줄 수 있을까? 상상하기 힘든 일이다. 중학생들 무리에 둘러싸인 컴버배치가 얼마나 진실해질 수 있을까?

나는 우리가 나 자신을 내 인생 스토리의 주인공으로 만들었을 때 바로 이런 일이 벌어진다고 생각한다. 말하자면 일종의 귀류법

(반대 상황을 가정하면 모순이 생긴다는 것을 보여 줘 원래 명제가 참임을 증명하는,

논리 증명의 한 방식 — 옮긴이)이다. 우리는 남들과 관계를 맺지만, 정확히 대등한 입장은 아니다. 자칫하면 상대가 느끼는 것보다는 내가 느끼는 게 중심이 되어 버린다. 자칫하면 내 행동에 상대가 어떤 영향을 받느냐가 아니라 상대의 행동 때문에 내가 어떤 영향을 받느냐가 중심이 되어 버린다. 내 역할은 커다란 합창단 속의 한 명에 불과한데 내 눈에는 그게 실제보다 커 보인다. 내가 그렇게 만들기 때문이다. 나는 나 자신을 약간은 지나칠 정도로 진지하게 생각한다. 타인의 역할은 과소평가해 버리고, 내 삶과는 무관하게 타인도 감정이 있는 사람이고 타인의 인생에도 드라마가 진행 중이라는 사실을 자주 잊어버린다. 나는 곧잘 우쭐해져서 몇 줄 안 되는 내 대사를 배역에 맞지 않게 큰 목소리로 뱉어 버리곤 한다.

당신을 주인공으로 생각한다고 해서 당신이 나르시시스트라는 얘기는 아니다. 수줍고 겸손한 사람도 지금 펼쳐지고 있는 미니 시리즈의 주인공이게 마련이다. 다만 그 미니 시리즈의 줄거리가 수줍고 겸손한 주인공이 난관에 부딪히는 내용이 될 뿐이다. 아무리 수줍고 겸손한 사람도, 그 내면을 들여다보면 자신의 과거에 대한 왜곡되고 불완전한 기억과 본인의 경험이 중심부를 차지하고 있을 수밖에 없다.

그러나 인생을 다르게 살 수도 있다.

세상을 바로 보고 싶은가.

당신 안에서 되풀이되는 시나리오를 깨고 나와라.

'자기기만이라는 미스터리한 베일'을 벗겨 내라.

대안이 무엇인지 알고 싶다면, 시트콤이나 드라마에서 앙상블을 이루는 배우들을 생각해 보라. 〈프렌즈〉 같은 시트콤에서는 특별한 스타도, 주인공도 없다. 다수의 인물이 서로의 삶과 얽히고설킬 뿐이다. 이는 시트콤 〈사인필드Seinfeld〉도 마찬가지다. 제목은 비록 '사인필드'이지만, 사인필드가 이 드라마의 주인공은 아니다. 주인공은 네 사람이며, 이 네 사람이 만들어 나가는 관계가 극의 중심이다. 극중 인물 제리 사인필드의 내러티브만 그리고 있는 드라마가 아니라는 얘기다. 영화 〈러브 액츄얼리〉를 떠올려 보라. 캐스팅은 화려하지만 영화의 주인공이 따로 있지는 않다. 이 영화는 사랑과 관계에 관한 스토리이지, 한 명의 주인공을 중심으로 한 어드벤처물이 아니다.

파트너와 함께 댄스 플로어에 나갔다고 한번 상상해 보라. 당신은 춤을 어떻게 생각할까? 아마도 그 경험을 통해 최대한 많은 만족을 얻으려고 할 것이다. 어쩌면 사람들의 관심을 당신에게로 끌어오고, 현란한 댄스 기술로 사람들에게 깊은 인상을 남기고, 박수갈채와 존경을 얻는 게 당신의 목표일지도 모른다. 아니면 댄스 플로어를 경쟁의 장으로 생각하고, 남들보다 더 빛나는 춤을 춰서 1등을 하는 게 목표일 수도 있다. 많은 사람이 인생을 살아갈 때 이런 식으로 춤을 춘다. 그게 꼭 나쁘다고만 할 수도 없다. 당신이 경쟁자들을 일부러 넘어뜨리려고 하지만 않는다면 말이다.

하지만 당신의 지위나 자기 표현력을 활용해서 파트너가 빛나도록 만들어 보겠다고 마음먹을 수도 있다. 혹은 플로어에 나온 사람 모두가 더 질 높은 경험을 하도록 만들어 보겠다고 마음먹을 수도 있다. 당신 자신보다 더 큰 무언가의 일부가 되는 데 초점을 맞출 수도 있다. 근처에서 춤을 추고 있는 다른 사람들과 뜻밖의 즐거운 시간을 만드는 데 초점을 맞출 수도 있다.

댄스 플로어에서 남들(내 파트너와 다른 커플들)을 항상 염두에 두고 재치 있게 움직이고 예의 바르게 행동한다면, 당신에게는 이 경험을 어떻게 간주할지에 대한 선택권이 생긴다. 춤을 추기 전에도, 도중에도, 이후에도 말이다. 당신은 이타적인 행동을 한 자신에게 자부심을 느낄 수 있다. 혹은 더 전체적인 시각에서 당신 자신을 더 큰 무언가의 일부로, 많은 사람들이 공유하는 더 충만한 경험의 일부로 바라볼 수도 있다.

일상적 경험을 어떻게 바라보고 받아들일지에 대해 우리는 선택권이 있다. 첫 번째 선택은 자신을 개별적이고 영웅적이며 외로운 존재로 보는 것이다. 두 번째 선택은 다른 무언가에 속하고 연결된 존재로 보면서, 그 소속감을 경험의 중심에 놓는 것이다. 사전에, 도중에, 이후에 각각 내 경험을 어떤 식으로 바라보느냐 하는 점은 일상적 경험이 나의 일부가 되는 방식을 바꿔놓는다.

당신 자신을 주인공이 아니라 앙상블의 일부로 보게 되면 삶이 어떻게 달라질까? 이 앙상블이라는 아이디어가 실제로 적용되면 어떤 모습일까?

예를 들어 오랜만에 만나는 누군가와 커피를 마신다고 치자. 대화에 앞서, 나는 나누고 싶은 이야깃거리를 몇 가지 생각해 둔다. 재미난 경험이나 최근에 있었던 좋은 일 같은 것 말이다. 그리고 대화 도중에는 이다음에 내가 무슨 말을 하고 어떻게 요점을 전달해야겠다는 생각으로 많은 시간을 보낸다. 특히 친구와의 수다가 아닌 업무상 대화라면 더더욱 이 부분에 초점을 맞출 가능성이 크다. 어떻게 해야 좋은 인상을 줄 수 있을까? 내가 이 사람에게서 뭘 얻어 낼 수 있을까?

친구와 있을 때조차 내 목표를 위해 친구를 직간접적으로 이용할 수도 있다. 대화가 끝난 후 나는 하고 싶었던 이야기를 다 했다고, 그것도 아주 재미나고 유창하게 이야기했다고 뿌듯해할 수도 있다. 이게 바로 자기중심적인 관점이다. 내가 아무리 시간을 정확히 반으로 쪼개, 상대도 나만큼 말을 많이 할 수 있도록 해 주었다고 하더라도 말이다.

그러나 이 대화를 다른 식으로 경험할 방법도 있다. 이 기회를,

번갈아 가며 독백을 주고받는 시간이 아니라 진짜 대화의 시간으로 삼는 것이다. 계획하지도 않았고 예상치 못한 방향으로 흘러가는, 서서히 그 모습을 드러내는 경험으로 여기는 것이다. 나는 이 대화를 대본이 이미 나와 있는 짜인 대화가 아니라, 보다 즉흥적이고 유기적인 하나의 예술처럼 생각할 수 있다.

물론 친구와 이야기를 나눌 때는 나의 근황이라든가 무언가 이야기해야 할 중요한 내용이 따로 있을 수도 있다. 하지만 나라면, 이 경험의 다른 측면들을 모두 배제하면서까지 거기에만 초점을 맞추지는 않을 것이다. 사전에 일정표를 가지고 대화에 돌입하지 말라. 계획된 대본을 가져가기보다는, 대화를 해 나가면서 하고 싶은 말을 발견해 가는 편이 낫다.

당신이 얼마나 재치 있는 대화를 나눴는지를 음미하기보다는, 다른 한 인간과 교류를 나누었다는 경험 자체를 음미하라. 그 대화를 통해 뭔가를 이루겠다는 기대 없이, 특정 방향으로 조종하겠다는 계획 없이, 무슨 일이 일어나는지 한번 지켜보라. 다음 차례에 당신이 무슨 말을 할 것인지 생각할 게 아니라 상대에게 온전히 주의를 집중해 보라.

친구나 가족들을 당신의 목표에 이바지하는 사람, 당신의 효용을 높여 주는 사람으로 보지 말고 당신이 헌신해야 할 파트너라고 생각하라. 그들과의 교류를 통해 일어날 수 있는 일에 관해 숨은 목적을 품지 말라. 그들과 교류할 기회를 각본 있는 드라마가 아니라 탐험이나 모험이라고 생각하라. 또 다른 한 인간이 당신에게 마음을 열 수 있는 기회를 허하라. 그러면 당신이 주인공일 때보다 훨씬 더 의미 있는 드라마가 만들어질 수도 있다. 그 과정을 당신이 장악할 수 없다고 하더라도 말이다.

어찌 보면 이 모든 얘기가 아주 뻔하디 뻔한 클리셰일 수도 있다. 친구나 가족은 인생을 의미 있게 만들어 주니까 그들을 제대로 대접하라는 얘기 말이다. 이걸 모르는 사람은 없다. 그걸 알고 있으면서도 왜 자녀와의 대화 중에 휴대전화 알림이 왔다고 해서 전화기를 흘끔 내려다보는가? 모임에서는 왜 혹시나 이 사람보다 더 재미난 사람은 없나, 심지어 어떤 목적을 위해 나에게 더 쓸모 있는 사람은 없나, 하면서 마주 앉은 사람의 등 뒤를 건너다보는가? 당장 무슨 효용이 있지는 않더라도, 왜 친구와 무언가를 함께 하기 위해 충분한 시간을 내지 않는가? 왜 계속 인연을 이어갈 기회를 놓치고 친구가 멀어지게 내버려 두는가? 왜 발신자를 확인하고 전화를 받지 않는가? 우리는 속으로 이렇게 말한다. '가족이잖아! 이해할 거야!'

그런데 대체 왜 우리는 본능적 충동에 굴복해서 나 자신을 주인공으로 보는 걸까? 만약 우리가 마치 운 좋게도 앙상블의 일원이 된 것처럼 친구나 가족, 동료와 내 삶을 나란히 놓고 바라볼 수 있다면, 우리는 그들을 더 잘 대접할 테고 그건 우리 자신에게도 더 좋은 일이 될 것이다. 아니, 더 좋다는 말로는 부족하다. 일상이 전혀 다른 질감을 갖게 될 것이다. 더 풍요롭고 만족스러워질 것이다.

정신과 의사 이언 맥길크리스트는《주인과 심부름꾼》에서 좌뇌와 우뇌가 주의를 기울이고 경험을 처리하는 방식이 서로 다르다고 주장했다. 내가 운영하는 팟캐스트 이콘토크EconTalk에서 맥길크리스트는 그 차이를 다음과 같이 설명했다.

좌뇌는 우리가 세상을 조종하게끔 돕는 데는 능지만 세상을 이해하는 데는 능하지 않습니다. 그냥 이걸 쓰고, 저걸 쓰고, 그다음에는 저걸 쓰라고 말하죠. 반면에 우뇌는 그렇게 좁고 집중적이고 단편적인 주의력이 아니라 지속적이고 광범위하고 깨어 있는 주의력을 갖고 있습니다. 존재에 대한 느낌, 세상을 살아가는 지속적 존재에 대한 지각을 계속 가지고 가죠. 그러니 같은 주의력이라고 해도 종류가 아주 달라요.

맥길크리스트는 우뇌가 연결과 매개媒介, 즉 상호 작용하는 것들 사이의 관계를 맡는다고 말한다. 우뇌는 협소한 어느 부분이 아니라 큰 그림을 본다. 물론 우리는 좌뇌와 우뇌가 모두 필요하다. 하지만 유대감을 느끼고 갈망하는 부분을 강화하도록 노력해 보라. 앞서 말했던 그림자에 숨어 있는 부분, 우리가 잊기 쉬운 부분 말이다.

랍비 조너선 색스Jonathan Sacks는 계약과 서약의 차이에 관한 글을 자주 썼다. 계약은 온통 나에게 필요한 것에 관한 내용이다. 인간관계가 계약적 성격을 띠면 계속해서 플러스와 마이너스로 득점 현황을 매기게 된다. 행여나 내가 이용당할까 걱정한다. 그렇게 부부 사이가 나빠지고 우정에 금이 간다.

반면에 서약은 약속이다. 서약은 우리가 '함께'라고 말한다. 서약은 진심에서 우러난 약속을 바탕으로 하므로 타인과 교류할 때 내 몫을 챙기려고 노력할 필요가 없다. 그냥 즐기면 된다. 우리는 상대가 나를 이용할까 봐 두려워서 약속을 지키는 게 아니다. 내가 뱉은 말을 남들이 믿어도 되는, 그런 사람이 되고 싶어서 약속을 지키는 것이다. 색스는 결혼이 사랑을 의리로 변모시킨다고 말한다. 진심에서 우러난 이 약속을 지키려면 양쪽이 모두 이해득실을 따지려는 마음을 초월해야 한다.

계약의 경우에는 상대가 나의 기대치에 부응하지 않는다고 느끼기 쉽다. 계약의 경우에는 기간이 만료되었을 때 갱신하지 않는 것도 얼마든지 쉽게 상상할 수 있다. 거래일 뿐이니 다른 데서 더 좋은 조건을 찾을 수 있을지도 모른다. 하지만 서약의 경우라면, 친구나 가족은 내가 이해득실을 따지며 이용하는 대상이 아니다. 그들은 삶이라는 여정을 함께하는 나의 파트너들이다.

이 관계에서 내가 충분히 득을 보고 있는지 의문을 품거나 걱정할 게 아니라 같은 경험을 공유한다는 사실을 즐기라. 운이 좋거나 정말로 열심히 노력한다면 서약의 원칙을 충분히 우선시할 수 있을 테고, 그렇게 되면 희생도 더 이상 희생이 아니다. 처음에는 희생처럼 느껴질 수도 있지만, 파트너십이 습관으로 자리 잡으면 희생이 곧 행복한 습관으로 바뀐다. 내 삶을 보는 방식을 바꾸면, 어느 영웅적 인물 한 명의 스토리가 아니라 하나의 앙상블로 보게 되면 더 좋은 친구, 배우자, 더 온전한 한 인간이 될 수 있다.

생각보다 훨씬 어려운 일이다. 하지만 노력한다면 자기중심적인 삶으로부터 자유로워질 수 있다. 이런 습관을 더 잘 키울 방법에 관해서는 다음 장에서 이야기할 것이다. 앙상블이라는 마음가짐을 갖게 되면 자기중심성을 벗어나는 데 도움이 된다. 그러면 당신은 더 작은 존재가 되겠지만, 이는 좋은 일이다. 밖으로 내세우는 자존심이 쪼그라들 것이다. 더 이상 당신이 우주의 중심이 아닐 것이다. 과장된 영웅담의 주인공도, 심지어 드라마 자체의 주인공도 아닐 것이다. 스스로를 앙상블의 일부로 보게 되면 분노할 일들이 줄어들 것이다. 이전에는 불공평하게 보였던 일들이 실은 중요하지 않다는 걸 이제는 알기 때문이다.

삶이라는 합창단에서 디바가 되지 말라. 목소리를 낮추고 하모니를 즐기라. 삶이라는 댄스 플로어에서 남들이 춤출 수 있는 공간을 마련하라. 파트너가 빛나게 하라. '나한테 뭐가 좋지?'라고 묻고 싶은 본능적 충동을 의식하라. 다 함께하는 이 여행에서 주위 사람이 필요로 하는 것들을 위해 자리를 내주라.

편협하게 개인적 만족에만 초점을 맞추는 게 위험하다는 내용은 이 책이 꽤나 중요하게 다루는 주제다. 그런데 정말로 그게 그렇게 위험할까? 물론 우리는 나 자신도 잘 챙겨야 한다. 다만 내 말은, 첫눈에 얼핏 보이는 게 여러분이 정말로 원하는 것은 아닐 수도 있다는 얘기다. 지극히 편협하게 자기 자신에만 초점을 맞춘다면 그림자 속에 숨어 있는 중요한 무언가를 놓칠지도 모른다.

특히 이 점이 잘 부각되는 경우는 '네가 정말로 어떤 사람인지 결정하라'고 말하는 윤리적 딜레마류의 답이 없는 문제를 만났을 때다. 우리는 어떤 원칙, 어떤 가치관을 우선시할 것인가? 어떤 원칙, 어떤 가치관을 열망해야 하는가? 어떻게 해야 그 원칙과 가치관을 배신하지 않고 지켜 낼 수 있을까? 윤리적 딜레마에 직면하면, 우리는 어쩔 수 없이 나는 정말로 어떤 사람이고 어떤 사람이 될 수 있는

가에 관해 생각해 보게 된다. 다음 장에서는 윤리적 딜레마라는 주제를 통해 편협한 공리주의적 욕망이 우리의 지극히 고귀한 자아와 대립할 때 그에 맞서 싸울 수 있는 방법을 찾아보자.

성자와
청소부

내 양심의 가격은
얼마일까?

66

영웅은 자기 자신보다 위대한 무엇인가에 자기 삶을 바친 사람이다.
- 조지프 캠벨

99

윤리적 딜레마는 답이 없는 문제들 중에서도 돼지와 철학자 사이의 긴장 관계가 특히 중심이 되는 경우다. 지금 당장 좋아 보이는 것이 결과적으로는 우리의 자아감을 해칠 수도 있고, 그로 인해 오랫동안 대가를 치러야 할 수도 있다. 좁은 의미의 공리주의는 인간적 성장과 관련된 더 고귀한 원칙들과 대립하는 경우가 많다.

예를 들어 땅바닥에 떨어진 지갑을 발견했다고 치자. 주워서 열어 보니 현금 20만 원과 운전 면허증, 신용 카드 몇 개가 들어 있다. 주위를 둘러본다. 길에는 아무도 없다. 당신뿐이다. 어떻게 해야 할까?

내가 명문 사립 고등학교에서 경제학 수업을 듣는 3학년 학생 100명과 온라인 수업을 하다가 이 지갑 질문을 해 보았더니, 거의 만장일치의 대답이 나왔다. 학생들은 경제학 논리에 따를 경우, 지갑을 줍는 것을 아무도 보지 못했다면 그냥 갖는 게 합리적이라고 생각했다. 지갑에 든 현금으로 뭐든 원하는 걸 살 수 있을 테니 경제적으로 도움이 된다는 것이다. 아무도 못 봤으니 그 돈을 내가 챙겼다고 해서 내 평판에 손상이 갈 일도 없고, 주인을 찾으려 하지 않았다고 비난받을 일도 없다고 했다. 학생들의 눈에는 지갑을 챙기고 돈을 써 버리는 게 원하면서도 실행 가능한 일이었고, 따라서 경제학적 계산에서 완벽하게 합리적인 일이었다.

경제학자 아리엘 루빈스타인Ariel Rubinstein은 합리적 의사 결정을 다음과 같이 정의한다.

1. 원하는 게 무엇인가?

2. 실행 가능한 것은 무엇인가?

3. 실행 가능한 것들 중에서 가장 원하는 것을 선택한다.

나무랄 데 없는 논리처럼 보인다. 이보다 더 명백한 게 있을까? 학생들은 분명히 그렇게 생각했다.

이 인간 행동 모형에 대해 제기되는 전형적인 비판은 우리의 계산 능력에 구멍이 있다는 것이다. 우리는 행동이 일관되지 않고, 불확실성이라는 속임수에 넘어가기도 하고, 수많은 편견을 갖고 있다. 바로 행동 경제학이 다루는 분야다. 하지만 더 깊이 들어가 보면 문제는, 우리가 무엇을 원하는지 생각할 때 자칫하면 인간적 성장보다는 수영장과 마르가리타를 떠올릴 거라는 사실이다.

이는 공리주의 중에서도 가장 편협한 의미의 공리주의임이 분명한데도 불구하고, 안타깝게도 일부 경제학자는 경제학을 가르치거나 연구할 때 이런 식의 사고를 조장한다. 그들은 편협한 이기심이 원하는 일과 우리가 해야 하는 일을 혼동한다. 이 둘은 절대 같지 않다.

학생들은 남을 돕는 게 나에게 기쁨을 줄 경우(실제로 많은 사람들이 남을 돕는 일을 좋아한다) 지갑을 돌려주는 것도 경제학자의 정의에 따른 합리적 행동일 수 있다는 점을 간과했다. 지갑 주인을 기쁘게 만들어서 내가 얻는 기쁨이 그 돈을 직접 썼을 때 얻는 기쁨보다 더 클 수도 있는데 말이다.

그리고 제3의 유형이라고 할 수 있는 사람들이 있다. 지갑을 돌려주기는 싫지만, 그게 옳은 일이어서 돌려주는 사람들이다. 이 사람들은 삶의 목표가 단순히 고통을 줄이고 기쁨을 극대화하는 것은 아니라고 믿는다. 우리는 종종 그저 '그래야 한다'고 생각해서 옳은 일을 할 때도 있다. 이런 희생을 할 때 기분은 좋지 않다. 그런데도 우리가 그런 희생을 감수하는 이유는 특정한 종류의 사람이 되기를 열망하기 때문이다. 정직한 사람이 되고 싶은 욕구가 있는 것이다.

옳은 일을 하는 것에 대해 아무런 느낌도 없는 사람이라면, 지갑을 돌려주거나 돌려주지 않는 게 애초에 답이 없는 문제가 아닐 것이다. 그냥 그 돈으로 얻는 이득과 혹시나 들통이 났을 때 입게 될 평판상의 손실을 따져볼 것이다. 그러나 지갑을 돌려주는 게 옳은 일이라고 생각하거나 왠지 그게 옳은 일인 듯한 느낌이 든다면, 공리주의적 사고와 당신이 바라보는 당신의 모습, 당신의 자아감이 서로 충돌하는 일이 벌어진다. 이런 상황에서는 대체 어떻게 선택을 내려야 할까?

몇 해 전 여름에 나는 아내와 그랜드티턴산맥에 있는 리조트에서 나흘을 보냈다. 사흘째 되던 날 아내는 내가 예전에 결혼기념일 선물로 사 준 다이아몬드 귀고리 한 쪽을 잃어버린 사실을 깨달았다. 우리는 온 방을 이 잡듯 뒤졌다. 그날 래프팅을 했던 곳에도 전화를 걸었다. 아무 소득이 없었다. 나는 아내를 위로하려고 했다. 다시 사면 되니 큰일은 아니라고 말이다. 하지만 아내의 마음이 편치 않은 게 눈에 보였다.

다음 날 아침 우리는 방을 바꿔야 했다. 처음에 묵은 방이 일정의 초반밖에 묵을 수 없는 방이었기 때문이다. 그러고 나서 아내와 나는 산행을 나갔다. 경이로운 풍경이었다. 무스(말코손바닥사슴)를 보았다. 강을 건너는 회색곰도 보았다. 긴긴 하루였다. 지치기도 했지만 보람이 있었다. 리조트로 돌아온 우리는 바뀐 방으로 향했다. 방에 들어서니 침대맡 탁자에 이런 쪽지가 놓여 있었다. "901호에서 찾았어요. 주인이 맞으실지 모르겠네요. ─ 테오도라"

쪽지 위에는 아내의 다이아몬드 귀고리가 얌전히 놓여 있었다. 901호는 우리가 어제까지 묵은 방이었다. 우리가 짐을 빼고 나서 객실 청소 담당자가 방을 치우다가 귀고리를 발견한 것이다. 똑똑한 청소 담당자는 그 귀고리가 어쩌면 내 아내의 것이 아니라 이전에 묵은 손님의 것일 수도 있다고 생각했다. 아니, 어쩌면 그걸 바랐을지도 모른다. 만약에 우리 것이 아니라면, 우리가 귀고리를 잃어버린 적이 없다고 했다면, 어쩌면 테오도라는 그 귀고리가 이제는 본인 소유라고 주장할 수도 있었을 것이다.

종종 나는 그날 아침 청소를 하고 있는 테오도라의 모습을 상상해 본다. 그녀는 그 일을 좋아했을까? 싫어했을까? 여름날 매일같이 청소를 하는 건 어떤 느낌일까? 그랜드티턴산맥이 손만 뻗으면 닿을 것처럼 가깝게 보이는 곳에서 바닥을 쓸고, 청소기를 돌리고, 먼지를 털고, 여기저기를 닦는 건 어떤 기분일까? 어쩌면 고된 일일지도 모른다. 아니면 테오도라에게는 그 시간이 조용히 청소에 집중하며 마치 명상을 하듯이 마음의 평화를 누리는 시간일지도 모른다. 아니면 딴생각하고 있거나. 발치에 반짝이는 게 보인다. 테오도라는 허리를 굽혀 자세히 들여다본다. 유리 조각인가? 아닌가?

그게 다이아몬드 귀고리라는 걸 알았을 때 가장 먼저 무슨 생각이 들었을까? 흥분했을까? 기뻤을까? 유혹을 느꼈을까? 방에는 그녀 혼자였다. 지켜보는 사람도 없었다. 독실한 신자라면 신께서 지켜보고 있다고 생각할지도 모른다. 그러나 테오도라가 신을 믿지 않는다고 해도, 그 순간 지켜보는 사람이 한 명은 있다는 걸 알고 있었다. '테오도라.' 귀고리를 발견한 그녀는 어떤 반응을 보였을까? 어떤 감정이 밀려왔을까?

그렇게 조그만 물건을 주머니에 쓱 넣는 건 얼마나 쉬웠을까? 어쩌면 그녀는 어떤 기분이 드는지 알아보려고 실제로 귀고리를 주머니에 넣고 그냥 가질까 어쩔까 생각해 봤을지도 모른다. 청소를 계속하면서 어떻게 할까 고민을 거듭했을 수도 있다. 다이아몬드의 크기에 따라 테오도라의 결정이 달라졌을까? 정직과 돈은 과연 트레이드오프 관계일까? 정직을 위해서 희생해야 하는 대가가 너무 비싸서 정직을 포기하기도 할까?

테오도라는 여름에만 그곳에 와서 일하는 외국인이었다. 리조트 일이라는 게 보통 임금이 높지는 않다. 매일 산을 볼 수 있고 쉬는 날 등산을 할 수 있다는 것도 테오도라에게는 보상의 일부였을 것이다. 이 리조트에 묵는 손님이라면 누구든지 자신보다는 잘살 거라며, 바닥에 떨어진 귀고리를 제 주머니에 넣는 것을 얼마든지 쉽게 정당화할 수 있었을 것이다. 다이아몬드 귀고리는 다 똑같이 생겨서 구분이 안 된다고 스스로를 설득할 수도 있었을 테고, 옛날에 묵었던 손님의 것이라 주인을 찾을 길이 없다고 손쉽게 믿어 버릴 수도 있었을 것이다. 하지만 테오도라는 그렇게 하지 않았다. 그녀는 쪽지를 썼다. 그리고 쪽지 위에 귀고리를 올려 두었다.

다음 날 아내는 테오도라라는 직원을 찾아냈다. 그녀를 덥석 끌어안은 아내는 눈물을 글썽이며 고맙다고 했고, 아무도 요구하지 않았지만 사례를 했다. 아마 50달러였던 것으로 기억한다. 포옹을 받거나 보상이 있을 것을 예견하고 테오도라가 다이아몬드 귀고리를 돌려주었을까? 나는 그렇게 생각하지 않는다.

내 생각에, 테오도라가 다이아몬드 귀고리를 돌려준 것은 스스로를 정직한 사람이라고 여겼기 때문이다. 가격과 상관없이 잃어버린 물건은 주인에게 돌려주는 사람이라고 여겼기 때문이다. 옳은 일을 하는 사람. 만약에 테오도라가 귀고리를 그냥 챙겼다면 자기 자신을 배신하는 것 같은 기분이 들었을 것이다.

이 부분에 대해서 내가 직접 그녀와 얘기를 나눠 본 것은 아니지만, 테오도라는 아마 옳은 일을 하고 싶은 마음과 다이아몬드의 가치를 서로 견주어 보지는 않았을 것이다. 그냥 정직한 사람이라는 자긍심을 유지하는 길을 택했을 것이다. 그녀는 자아감을 최우선에 놓았다. 트레이드오프를 하지도 않았고, 예상되는 비용-혜택 목록을 작성한 적도 없었다. 아마 다이아몬드의 크기에 관계없이 옳은 일을 할 작정이었을 것이다.

테오도라 같은 사람, 대가를 치르더라도 옳은 일을 하는 사람의 이야기를 들으면 여러분은 어떤 기분이 드는가? 귀고리를 돌려준 그녀가 바보라고 생각하는가? 종교에 혹은 부모님이 들려준 교훈에 깜박 속아 넘어간 어리석은 사람이라고 생각하는가? 아주 기분 좋은 횡재가 될 수도 있었던 것을 포기하고 자기보다 훨씬 부자인 사람에게 그 횡재를 넘겨준 게 과연 현명한 일일까? 고객이 의미 있는 (그리고 값비싼) 물건을 잃어버려서 휴가를 망치는 일이 없게 해 준 테오도라를 여러분은 존경하는가, 동정하는가? 테오도라는 멍청이인가, 성자인가?

경제학자들이 흔히 사용하는 도구, 즉 공리주의적 관점에서 보면 테오도라가 다이아몬드를 돌려준 것은 그녀에게는 자신이 옳다고 생각하는 일을 하는 데서 얻는 기쁨이 다이아몬드의 가치보다 더 컸기 때문이다. 경제학자의 세계관에서는 사람들이 저마다 정해 놓은 가격이 있다. 즉 이만큼의 돈 혹은 혜택을 주면 내 원칙을 기꺼이 포기하겠다고 생각하는 금액이 있다. 이는 대단한 설득력을 가진 지적이다. 이 지적을 가지고 동료 인간들과 우리 자신의 결점에 관해 한번 생각해 보자.

사람들은 비싼 대가를 치러야 할 때조차 본인이 정한 원칙에 따라 살려고 애쓴다. 이를 아주 잘 나타낸 내가 좋아하는 표현 중에 "앉은 자리를 보면 어느 쪽인지 알 수 있다"라는 말이 있다. 미국의 소설가 업턴 싱클레어도 비슷한 말을 했다. "무언가를 몰라야 월급을 받을 사람에게, 그걸 이해시키기란 쉽지 않다." 곰곰이 생각해 보면 금전적, 비금전적 보상 혹은 징벌이 나에게 압력으로 작용해 내 행동을 결정하기도 한다는 걸 알 것이다. 경제학자들은 바로 이 점을 이용해 특정 행동을 부추기거나 단념시킬 수 있는 인센티브 구조(예컨대 보조금이나 세금)를 설계한다.

사실인지는 알 수 없으나 많이 들어 본 일화가 하나 있다. 영국의 극작가 조지 버나드 쇼가 만찬 모임에 참석했다. 아름다운 여인을 발견한 버나드 쇼는 100만 파운드를 줄 테니 오늘 밤 자기 집으로 함께 가지 않겠냐고 물었다. 여자는 생각해 보겠다고 했다. 그러자 버나드 쇼는 "좋아요. 그러면 10파운드는 어때요?"라고 물었다. 모욕을 당했다고 느낀 여자는 "나를 뭐로 보는 거예요?"라고 쏘아붙였다. 버나드 쇼가 말했다. "그건 이미 확인했고, 지금 가격 흥정 중이잖소."

내 경험으로 사람들에게 인센티브(이는 선택을 내릴 때 트레이드오프를 고려하라는 말이나 마찬가지다)를 제안하면 사람들은 크게 화를 낸다. 사람들은 보조금이나 두둑한 보상으로 자신을 매수할 수 있다는 생각을 좋아하지 않는다. 그렇지만 따지고 보면 대부분의 사람은 어느 물건의 가격이 내려가면 더 많이 사고, 비싸지면 덜 살 것이다. 그런데도 사람들은 왜 화를 내는 걸까?

그 이유는, 조지 버나드 쇼가 참석했던 모임의 여인처럼 사람들은 자신의 원칙이나 핵심 가치는 누가 돈을 준다고 해서 팔 수 있는 게 아니라고 생각하고 싶어 하기 때문이다. 우리는 가격이 바뀌었다고 무언가를 재고해 보는 저급한 존재가 아니다. 그렇다. 진짜 인간은 돈을 정말로 많이 준다면 원칙을 희생시킬 것이다. 하지만 그런 지적이 내게도 해당할 수 있다는 사실을 인식했을 때 사람들이 느끼는 분노는 이해할 만하다. 우리는 내가 가진 미덕에 가격표가 있다는 생각을 좋아하지 않는다. 물론 때로는 가격표가 있다. 종종 우리는 나 자신을 팔아먹는다. 그것도 헐값에. 하지만 그건 우리의 결점이지, 결코 장점이 아니다. 합리적으로 보인다고 해서 칭찬받을 일이 아니라는 얘기다.

어느 의사 결정이 '본질적으로 내가 어떤 사람이냐'를 보여 준다면, 대가는 고려하지 말라. 자아감을 지키는 쪽을 선택하라. 다이아몬드를 돌려주라. 아무리 큰 다이아몬드라고 해도 돌려주라. 트레이드오프하지 말라. 좁은 의미의 합리성은 대가를 생각해 보라고 말한다. 그러나 테오도라가 주는 교훈은 훨씬 더 간단하다. 옳은 일을하라. 다이아몬드를 돌려주라. 돌려주는 대가, 그 다이아몬드를 팔아서 뭘 할 수 있었는지는 생각도 하지 말라.

의사 결정과 관련해 벤저민 프랭클린은 장단점을 목록으로 나열한 다음, 양쪽 칸에서 서로 지울 수 있는 아이템을 찾아보라고 했었다. 이 역시 어느 해결책이 최대의 만족을 가져올지 알아내는 방법의 하나다. 하지만 테오도라는 더 간단한 사실을 한 가지 알려 준다. 우리의 정체성이나 열망을 배신하면서까지 맞바꿀 수 있는 것은 세상에 아무것도 없다는 사실 말이다. 그러니 '나 자신에 대한 존중감 상실'을 다이아몬드를 챙기는 비용의 하나로 볼 수는 없다. 물론 써 넣고 싶으면 써 넣을 수는 있겠지만, 이는 바보 같은 짓이다. 왜냐하면 나 자신에 대한 존중감은 세상 그 무엇으로도 맞바꿀 수 없는 유일한 것이기 때문이다.

다윈이 장단점 목록 계산을 그만두고 "결혼하라 ─ 결혼하라 ─ 결혼하라"라고 썼다는 사실은, 그가 남편이 되겠다는 의사 결정이 단순히 결혼이나 자녀가 주는 그날그날의 기쁨 이상의 의미를 갖는다는 걸 알아차렸다는 뜻이다. 퍼시 다이어코니스가 말하는 "우리가 정말로 추구하는 것", 그리고 피비 엘즈워스가 말하는 "우리가 정말로 원하는 것", 그리고 피트 하인이 그의 시에서 말한 우리가 정말로 바라는 것은 모두 비용과 혜택에 대한 느낌 이상의 것을 이야기하고 있다. 삶의 일상적 경험만이 아니라 나의 정체성, 나의 본질을 이야기하고 있다.

경제학도 우리가 다른 선택을 고려하기 전에 따로 추구하는 게 있을 수 있다는 점은 인정한다. 소위 말하는 '사전적辭典的' 의미로서 말이다. 그러니 경제학자의 합리적 선택 모형에 자아감, 존엄성 등을 우선순위를 매겨 가며 억지로 끼워 넣을 수는 있다. 하지만 이는 실제로 그런 것들이 모형 밖에 있는 요인이라고 말하는 것이나 마찬가지다.

공리주의적 비용과 혜택이 너무 커서 우리의 자아감마저도 제치는 경우들을 상상해 볼 수는 있다. 만약에 테오도라에게 수술비를 감당할 수 없는 아픈 자녀가 있다면 죄책감을 무릅쓰고라도 다이아몬드를 챙기는 모습을 상상할 수 있을 것이다. 그렇게 해도 우리는 그녀를 혹독하게 비난하지 않을 것이다. 그런데 이 예외는 오히려 우리의 규칙이 옳았다는 걸 증명한다. 어머니라는 테오도라의 정체성 역시 그녀에게는 핵심적인 원칙일 테고, 이게 다른 핵심 원칙인 정직과 경쟁하는 경우이기 때문이다. 테오도라는 두 가지 원칙 모두를 좁은 의미의 공리주의보다 우선시할 것이다.

샬렘 칼리지의 총장이 되려고 이스라엘로 이주한 결정에 관해 이야기할 때 말했듯이 만약 이게 쥐가 들끓는 집에 살면서 밥도 제대로 못 먹는, 그런 삶을 의미했다면 그게 아무리 소명처럼 보였다고 한들 나는 이스라엘로 오지 않았을 것이다. 하지만 이런 건 극단적인 경우고, 이런 예외가 오히려 우리의 규칙을 증명한다는 사실을 누구나 쉽게 알 수 있다.

규칙은 간단하다. 당신의 원칙을 첫 번째로 놓으라.

당신의 결정이 당신이 어떤 사람인지를 규정한다. 당신의 본질과 관련되는 문제라면 트레이드오프는 하지 말라. 진실하게 살라. 옳은 일을 하라. 당신 자신을 존중하라. 적어도 출발점은 이래야 한다. 테오도라의 경우 그녀의 원칙은 정직이었다. 몇 가지 원칙이 충돌할 때도 있다. 정직도 밀어낼 만큼 중요한 원칙(자녀에 대한 사랑)이 있을 수도 있다.

물론 주인 없는 지갑을 발견했거나, 큰돈을 주겠다는데 윤리적으로 뭔가 의심스러운 컨설팅 의뢰를 받았을 때도 우리는 정직이나 윤리 같은 문제에 직면한다. 하지만 당신의 원칙을 하루하루의 비용이나 혜택보다 우선시한다는 말은 그보다 많은 것을 의미한다. 원칙을 첫 번째로 놓는다는 것은 당신이 지금 어떤 사람이 되고 싶은가, 시간이 지나면 어떤 사람이 되고 싶을 것 같은가에 관한 문제다. 이는 어쩐지 시간이 아까운 느낌이 들지만 친구의 병문안을 간다는 뜻이다. 얼른 마무리 짓고 싶은 볼일이 있지만, 무언가를 털어놓고 싶어 하는 친구의 얘기를 들어 준다는 뜻이다. 줄 서서 기다리는 게 죽기보다 싫지만, 투표를 하러 간다는 뜻이다.

의사 결정을 내릴 때 좁은 의미의 비용과 혜택보다 당신의 원칙(뭐가 되었든 당신의 진짜 정체성을 규정한다고 생각되는 것)을 우선시하면 좋은 점이 두 가지 있다.

첫째, 간결성이다. 좁은 의미의 비용과 혜택보다 원칙을 항상 우선시하는 것을 하나의 규칙으로 정해 두면, 고민과 번뇌에 쓰는 시간이 줄어든다. 당신에게는 규칙이 생겼고, 당신은 그 규칙을 지키려고 노력한다. 규칙대로 하는 게 쉽지 않을 수도 있지만, 디폴트(기본값)는 규칙을 따르는 것이다. 따라서 원칙적으로 당신은 때마다 규칙을 따르는 대가가 너무 큰지 아닌지 고민하지 않게 된다. 그냥 규칙을 따르면 된다.

그 규칙이란 '나는 주인 없는 물건을 발견하면 꼭 주인에게 돌려주는 사람이다'일 수도 있고, '나는 친구가 병원에 있으면 꼭 병문안을 가는 사람이다'일 수도 있다. 또는 '나는 일이 바쁘더라도 지인의 장례식에 참석하는 사람이다'일 수도 있다(일은 늘 바쁠 것이다. 그렇지 않은가? 그러니 어쨌든 가라).

결혼의 경우에는 다음과 같이 규칙이 여러 개일 수도 있다. '나는 배우자에게 충실한 사람이다', '나는 아무리 재미있다고 해도 사람들 앞에서 배우자에 관한 농담은 하지 않는 사람이다', '나는 그 전날 배우자가 나에게 아무리 심한 짓을 했다고 해도, 사람들 앞에서 배우자를 비난하지 않는 사람이다'. 살다 보면 규칙을 지키기 어려울 때도 있다. 그러나 이상적인 모습은 규칙을 지키는 것이므로, 최대한 지키려고 노력해야 한다.

물론 규칙이 불필요한 구속이 되는 상황도 많다. 그렇지 않은가? 갈림길이 있다면 양쪽 길을 다 합리적으로 따져 보며, 비용과 혜택을 저울질해 보는 편이 낫지 않을까? 예외 없이 규칙을 곧이곧대로 지킨다는 것은 어쩌면 내가 누릴 수 있을지도 모를 어떤 만족들을 포기한다는 뜻이다.

그러나 이 반론은 대부분의 사람들이 자신의 신념이나 목표를 지키고 싶으면서도 실제로 어떻게 해야 하는지에 관해 오해한 데서 비롯된 것이다.

사실, 규칙이 있으면 고민하는 시간을 줄여 주는 것보다 훨씬 더 좋은 이유가 있다. 건건이 따져서 철저하게 비용과 혜택을 계산하고 저울질하려고 노력하는 게 겉으로는 합리적으로 보일 수도 있다. 하지만 규칙은 우리가 나 자신을 속이지 못하게 막아 준다.

지금 아내와 나는 예루살렘에 있는 아파트 3층에 살고 있다. 우리는 계단과 엘리베이터를 모두 이용할 수 있다. 처음 이사를 왔을 때 나는 매번 계단을 이용하겠다고 규칙을 세웠다. 나는 하루의 대부분을 키보드 앞에서 보낸다. 그러니 아주 조금이라고 할지라도 운동은 내 건강에 좋다.

나는 좀 더 '합리적인' 규칙을 세울 수도 있었다. 짐이 많지 않을 때만 계단을 이용하자든가, 날씨가 몹시 덥지만 않으면 계단을 이용하자고 할 수도 있었다. 날이 너무 덥고 마트에서 장 본 것들을 잔뜩 들고 있어서 계단을 이용하는 게 바보 같은 날도 있다. 그런 극단적인 경우에는 운동으로 얻을 수 있는 먼 미래의 건강상 혜택 따위는, 더운 날 그 많은 짐을 들고 계단을 오르는 고통에 비하면 하찮게 느껴진다.

하지만 나는 나 자신을 안다. 규칙을 정해 놓지 않고 문 앞에 설 때마다 엘리베이터인지 계단인지 결정을 내려야 한다면, 나는 엘리

원하는 것, 좋아하는 것, 추구하는 것.
당신이 어떤 선택을 하느냐가
당신이 어떤 사람인지를 규정한다.

베이터 이용을 정당화할 방법들을 심심찮게 찾아낼 것이다. 그 결정을 합리화하는 것은 일도 아닐 것이다. '어제 잠을 잘 자지 못했으니 이번에는 엘리베이터를 이용해도 괜찮아.' '오늘 좀 덥지 않아?' '오늘은 가방에 책이 좀 많아.' 그러다 보면 나는 결국 현명한 자신이 원하는 것보다 더 자주 엘리베이터를 이용할 것이다. '내가 바라는 나'보다 실제로 더 못난 나는 계단을 이용하지 않는 걸 정당화할 방법을 찾아낼 것이다.

이 점을 잘 알고 있었던 벤저민 프랭클린은 《자서전》에 이렇게 썼다. "'합리적 동물'이 되는 건 너무나 편리한 일이다. 본인이 하고 싶은 건 뭐든지 이유를 찾거나 만들어 낼 수 있기 때문이다." 그러니 규칙을 사용하라. 공리주의와 인간적 성장이 충돌하면, 당신이 이미 잘 알고 있고 솔깃한 쪽은 수영장임을 기억하라. 당신의 원칙이 무엇인지 기억하려고 노력하라. 원칙을 우선시하려고 최선을 다하라. 달리 강력한 이유가 있는 게 아닌 이상, 원칙을 첫째로 놓으라.

규칙은 정체성과 자아감을 유지하는 데 유용하다. 하지만 규칙은 우리가 되고 싶어 하는 사람이 되도록 도와준다는 점에서 더욱더 중요하다. 첫째로 놓고 싶은 원칙이 없는 사람도 있을 수 있다. 하지만 그런 경우라면 원칙을 습득하는 것도 가능하다.

루빈스타인(과 주류 경제학자들)은 합리적 선택을 정의할 때 우리의 욕망이 고정되어 있다고 가정한다. 경제학에서는 이를 '안정적 선호'라고 부른다. 그러나 철학자 해리 프랭크퍼트가 지적하듯이 인간은 '나의 욕망에 대한 욕망'을 가진 유일한 동물이다. 양심이 없고 보는 사람이 아무도 없다면, 지갑을 챙기는 게 합리적이다. 하지만 그런 생각이 부끄러울 수도 있다. 어쩌면 당신은 공동체를 이용해 먹기보다는 공동체에 기여하고 싶고, 그래서 양심 있는 사람이 되기를 열망할 수도 있다.

애그니스 캘러드는 《열망》이라는 책에서 삶에서 중요한 것은 단순히 '지금 내가 어떤 사람인가?' 하는 점만이 아니라 '어떤 사람이 되기를 열망하는가?'라고 했다. 지금 당장은 내가 오페라를 좋아하지 않을 수도 있다. 그렇지만 나는 오페라 애호가가 되기를 열망할지도 모른다. 열망이란 단순히 이국적인 음식을 찾거나 오페라 애호가가 되는 법을 배우고 싶은 것만은 아니다. 우리는 지금보다 더 나은 사람이 되기를 열망할 수도 있다. 더 미더운 친구가 되기를 열망할 수도 있다. 더 나은 부모, 더 많은 사랑을 주는 배우자가 되기를 열망할 수도 있다. 낯선 사람을 만났을 때 더 친절하고 참을성 있는 사람이 되기를 열망할 수도 있다. 더 존경할 만한 사람이 되기를 열망할수도 있다. 만약 이런 길이 가치 있다고 생각한다면, 우리는 그 길을 선택할 수도 있고 적어도 그런 길을 발견하려고 노력할 수는 있다.

한때는 경제학자들도 인간을 비용과 혜택만 계산하는 단순한 '극대화' 기계 이상으로 보았던 적이 있다. 20세기 초 시카고 대학교의 경제학자 프랭크 나이트는 인간이라는 종이 "욕망하기보다는 열망하는 존재"라고 했다. 나이트의 제자이자 경제학자로, 노벨상을 받은 제임스 뷰캐넌은 자연 상태의 인간과 대조되는 '인위적 인간artifactual man'에 관해 이야기했다. 그는 인위적 인간은 스스로를 빚어낸다고 했다. 인간의 열망에 관해 말하면서 뷰캐넌은 이렇게 썼다. "인간은 본인이 되고 싶은 사람이 될 수 있는 자유를 원한다." 우리는 만들어지고 있는 과정에 있다. 그러니 당신이 '욕망하기를 욕망'하는 게 무엇인지 한 번쯤 생각해 보라.

양심이 없는 사람은 어떻게 양심을 가질 수 있을까? 당신은 지갑을 챙기면서도 찜찜한 기분이 들었으면 좋겠는데, 실제로는 전혀 찜찜하지 않다면 어떻게 해야 할까?

20세기 초의 작가 맥스 비어봄이 〈행복한 위선자The Happy Hypocrite〉에서 제시한 방법이 있다. 주인공 조지 헬은 사악한 인간으로 후안무치한 쾌락주의자다. 그런 그가 고귀하고 아름다운 여성 제니 미어를 만나 그만 사랑에 빠지고 만다. 조지 헬은 청혼하지만, 제니 미어는 성자의 얼굴을 한 사람이 아니면 결코 사랑할 수 없을 것이라고 말한다. 헬은 방법이 없다. 그래서 마치 실물처럼 보이는 마법의 가면을 만드는 장인을 찾아가 성자처럼 사랑이 가득해 보이는 얼굴의 가면을 만든다.

가면을 쓰고 구애를 계속한 헬은 제니의 마음을 얻어 결혼 승낙을 받는다. 결혼 허가서를 받으러 가는 길에 헬은 제니를 기만하고 있다는 생각에 괴로워한다. 자신이 정직하지 못한 협잡꾼처럼 느껴진다. 헬은 새로운 이름을 갖기로 하고, 결혼 허가서에 조지 헤븐(본래의 이름 헬Hell은 지옥이라는 뜻이고, 새 이름 헤븐Heaven은 천국이라는 뜻 ─ 옮긴이)이라고 써넣는다.

사랑의 마법에 빠져 과거에 대한 후회로 가득 찬 헬, 아니 헤븐은 속죄를 결심한다. 헬은 사악한 행동을 그만둔다. 헬이 결혼을 하고 한 달이 지났을 때, 헬에게 버림받은 과거의 연인 라감보기가 복수극을 꾸민다. 헬의 가면에 대해 알고 있는 라감보기는 가면 아래에 감춰진 헬의 참모습을 안다. 그녀는 새신부 앞에서 조지 헤븐의 가면을 찢어 버리고 헬의 정체를 폭로한다.

독자는 이제 무슨 일이 벌어질지 안다. 이 착한 여성은 조지 헬의 진짜 얼굴을 보게 될 것이다. 욕망덩어리인 남자, 쾌락을 좇는 남자, 미덕이라고는 없는 남자. 겉보기와 같은 성자가 아니라 오히려 죄인에 가까운 남자. 조지 헬의 위선이 만천하에 드러날 것이다. 아내는 소스라칠 것이다. 두 사람의 결혼은 풍비박산이 날 것이다.

그러나 이 장면에서 비어봄은 우리의 예상을 보기 좋게 뒤엎는다. 가면이 사라진 곳에서는 이전에 가면이 세상에 보여 주던 것과 똑같은 얼굴이 나타난다. 성자의 얼굴. 이제 남자의 내면은 외면과 완벽히 일치한다. 헬은 헤븐이 되었다. 남자는 더 이상 가면이 필요하지 않다. 밀랍으로 된 마법의 가면은 저만치 던져지고, 그대로 햇볕에 녹아 버린다.

그렇게 이야기는 끝이 난다. 우리에게 주는 교훈이 뭘까?

도덕적으로 따졌을 때 조지 헬은 말하자면 뱀파이어 같은 존재다. 그는 뱀파이어를 싫어하는 사람이 되고 싶다. 조지 헤븐이 되고 싶다. 그는 기존의 욕망과는 다른 욕망을 갖기를 욕망한다. 해답은 연습이다. 사랑을 통해, 그리고 바뀐 행동을 통해, 헬은 겉으로 보이는 것 이상의 변화를 이뤄 낸다. 자신의 정체성 자체를 바꾸는 것이다.

되고 싶은 사람이 되기 위해 그는 가면을 썼다. 일반적으로 우리는 위선(원칙을 배신하는 것)을 좋아하지 않는다. 하지만 비어봄은 위선도 미덕이라고 말한다. 조지 헬은 착한 척을 하고 착한 행동을 끝까지 해냄으로써 스스로를 변화시켰다. 그는 가면을 없애는 방식이 아니라 자신의 결점을 없애는 방식으로 위선을 치료했다. 후안무치한 쾌락주의자의 핵심 원칙에 어긋나는 행동들을 함으로써 결국 더 나은 사람이 됐다. 그는 신부를 속였지만, 선한 행동을 연기하는 과정에서 실제로 선한 사람이 됐다. 햇볕에 가면이 녹아 버리듯 그의 예전 자아도 녹아 버렸고, 그의 위선도 녹아 없어졌다. 선한 행동을 통해 그는 더 이상 내적 자아와 외적 자아가 충돌하지 않는 사람이 됐다.

가면은 조지 헬이 편협한 공리주의적 자아를 거스르도록 강제하는 역할을 했다. 자신이 열망하는 모습에 걸맞게 행동하게 했다. 프랭크 나이트는 이렇게 썼다. "현명하거나 선하다는 특징은 주로 실제의 자기 자신보다 더 나은 사람인 척하다가 만들어진다. 계속 그런 척을 하다 보니 일부가 습관으로 자리 잡은 것이다."

연습을 해도 완벽해지지 않을 수도 있다. 하지만 제대로만 한다면 분명히 더 나은 사람이 될 것이다.

그러니 당신이 되고 싶은 그 사람이 되도록 연습하라. 기호嗜好는 바꿀 수 있다. 전에는 매력적으로 보이던 것이 더 이상 매력적이지 않을 수 있다. 전에는 끌리지 않던 것도 계속해서 시도하다 보면 즐거운 일이 될 수 있다. 선함이란 습득되는 기호다. 그리고 습관은 말 그대로 습관이다. 너그럽고, 정직하고, 덜 자기중심적인 모습을 즐기게 되면, 프랭크 나이트의 말처럼 습관이 계속 더 강화된다.

9장 앞부분에서 주인 없는 지갑에 관한 문제를 소개할 때 세 가지 유형의 사람이 있다고 했다. 양심이 없는 사람, 양심이 있고 옳은 일을 하는 게 즐거운 사람, 그리고 세 번째 유형인 '양심은 없으나 양심을 키우고 싶은 사람' 말이다. 〈행복한 위선자〉는 우리가 양심을 키울 수 있고, 양심을 키운 뒤에는 실제로 내가 원해서 옳은 일을 하는 사람으로 바뀔 수 있다고 이야기한다. 선행이 곧 기쁨의 원천이 되는 것이다.

17세기의 프랑스 작가 라로슈푸코는 이렇게 썼다. "강물이 바다로 가서 사라지는 것처럼, 원한다면 미덕도 집어삼켜서 내 것으로 만들 수 있다." 철학자이자 경제학자인 댄 클라인Dan Klein은 라로슈푸코의 말을 풀이하면서, '미덕의 실천'을 '본인이 원해서 하는 일'로 바꿀 수 있다는 뜻이라고 주장했다. 그렇게 되면 테오도라는 옳은 일을 하면서도 희생이라 생각하지 않고 즐겁게 할 수 있다. 나는 다이아몬드 귀고리를 발견해서 돌려준 일이 테오도라가 했던 최초의 옳은 일은 아닐 거라고 생각한다. 부모님이나 그녀 스스로 선택한 주위의 친구들, 어쩌면 종교가 그런 정직과 공감의 습관을 키웠을 것이다.

6장에서 보았던 다큐멘터리 제작자 페니 레인은 처음 보는 사람에게 신장 한 쪽을 기증했다. 페니 레인은 기증받는 사람이 누리게 될 혜택에 비하면 본인이 감당하는 희생은 너무나 작다고 생각했다. 나는 레인에게 어떻게 그런 결정을 내렸는지 물었다. 그녀는 평생 잘했다고 스스로를 뿌듯해하거나 자신이 훌륭한 사람이라고 느끼

우리는 만들어지는 과정에 있다.
어떤 사람이 되고 싶은지를 생각하고 열망하라.
되고 싶은 사람이 되도록 연습하라.

기를 바랐던 게 아니었다. 그냥 도덕적으로 생각해 보았을 때 답이 너무나 명료했던 것뿐이다.

더욱 흥미로웠던 것은 그 일이 자신을 어떻게 변화시켰는지에 대한 그녀의 대답이었다. 한밤중에 몇 번씩 잠을 깨우는 로봇 아기를 안고 다니는 게 부모가 되는 것과 결코 같을 수 없듯이, 신장을 기증하는 것도 단순히 힘든 여러 가지 테스트를 받고, 수술을 하고, 입원할 때보다 신장이 하나 적어진 채로 병원을 떠나는 것과는 다를 거라고 나는 짐작하고 있었다. 신장 기증은 페니 레인의 자아감을 어떻게 바꿔 놓았을까? 그녀는 만약에 기증하기 전에 누군가 자신에게 '당신은 너그럽고, 나눔을 실천하고, 이타적인 사람인가?'라고 물었다면 아니라고 답했을 거라고 했다. 하지만 지금은 그런 사람인 것처럼 느껴진다고 했다. 그러면서 스스로를 이타적인 사람이라고 생각하면, 더 너그러워지고 나눔을 실천하게 된다고 덧붙였다. 맥스 비어봄이 들었다면 자랑스러워했을 것이다.

인터넷에 자주 회자되는 이야기가 있다. 보통은 아메리카 원주민 노인이 등장한다. 엘리엇 로즌Eliot Rosen이 《영혼의 경험Experiencing the Soul》에 쓴 버전은 다음과 같다.

나이 지긋한 어느 아메리카 원주민이 자신이 겪는 내면의 갈등을 다음과 같이 묘사했다. "내 안에 개 두 마리가 살고 있다. 한 마리는 비열하고 사악하다. 다른 한 마리는 착하다. 비열한 놈이 착한 놈에게 늘 싸움을 건다." 어느 개가 이기냐고 묻자, 그는 잠시 생각에 잠기더니 이렇게 답했다. "내가 밥을 많이 주는 놈이 이기지."

삶의 대부분의 영역에서, 특히 중요한 영역에서 우리의 욕망은 경제학자들 생각처럼 그렇게 고정되어 있지 않다. 수많은 욕망이 서로 충돌한다. 누구나 실컷 받아 주고 싶은 여러 가지 충동이 있고, 때로는 그 충동들이 우리와 거북한 동행을 한다. 반면에 충동을 간절히 억제하고 싶을 때도 있다. 음식, 섹스, 돈, 그리고 당신이 강박적으로 들여다보며 시간을 보내는 그 휴대전화의 앱까지 말이다. 우리 안에는 착한 개와 못된 개가 있고, 둘은 늘 싸움을 하고 있다. 착한 개에게 밥을 주라. 자주 주라. 그러면 나쁜 개와의 싸움에서 이기기 시작할 것이다.

10장

슈퍼볼 감독의
불패 전략

실패하기 싫어
선택하지 않는
세상의 바보들에게

"

크게 실패할 용기가 있는 자만이 크게 성취할 수 있다.
- 로버트 케네디

"

답이 없는 문제들이 그토록 불편한 데에는 미래가 우리에게 감춰져 있는 탓도 있다. 우리는 통제 가능성과 확실성을 갈구한다. 더 많은 정보와 더 나은 전략으로 어둠에 빛을 비춰 답이 없는 문제에 대처해 보겠다는 충동이 이는 것도 당연하다. 그러나 이는 바보 같은 짓이다. 망상이다. 차라리 어둠에 익숙해지려고 노력하는 편이 유리하다.

말로는 무슨 소린들 못할까. 한번 솔직해져 보자. 우리는 박쥐가 아니다. 어둠을 좋아하지 않는다. 인간에게 어둠에 익숙해지라고 하는 것은 우리의 본성에 반하는 일이다. 우리를 행복하게 만드는 것은 확실성이다. 불확실성은 우리를 불안하게 한다. 미래는 알 수 없는 거라고 자신에게 아무리 냉철히 말해 봤자 별 도움은 되지 않는다. 미래를 두려워하는 게 비합리적이라고 머리가 아무리 말해 줘도 마음 한구석의 시커먼 구멍은 사라지지 않는다. 마음이 들려주는 얘기를 통제하는 면에서 머리는 도통 재주가 없다.

10장과 11장에서는 불확실한 미래와 답이 없는 문제에 대처하는 두 가지 큰 전략을 제시할 것이다. 첫 번째 전략은 (다소 의외이겠지만) 미식축구팀 뉴잉글랜드 패트리어츠의 감독 빌 벨리칙에게서 가져온다. 벨리칙은 감독직을 수행하며 여섯 개의 슈퍼볼 반지를 가져 갔다. 사람들은 그를 천재, 위인, NFL(미국 프로 미식축구 리그)계의 아인슈타인이라고 부른다. 그러나 아이러니컬하게도 벨리칙처럼 되려면, 우리가 아는 게 너무나 적다는 사실에 대처할 방법을 찾아 나서야 한다.

매년 NFL 드래프트 시즌이 되면 전년도 성적의 역순으로 지명 순서가 주어지고 각 팀은 대학생 선수들을 뽑아 간다. 벨리칙과 스태프들도 다른 NFL 팀들과 마찬가지로 수백 시간을 들여 가며 열심히 드래프트를 준비한다. 각 팀은 선수 수백 명에 대한 광범위한 데이터를 갖고 있고, 그중 가장 유망하다고 생각하는 선수 수십 명과 개별 면담을 진행한다. 각 팀은 수백 시간, 어쩌면 수천 시간 분량의 영상을 보면서 해당 선수의 대학 시절 활약상을 살핀다. 여느 팀과 마찬가지로 패트리어츠도 이렇게 정량적, 정성적인 정보를 종합해 유망주들을 평가하고 순위를 매겨서 최종 드래프트 선발 명단을 작성한다.

이 과정이 워낙에 복잡하고 팀의 미래에 끼치는 영향이 크기 때문에 패트리어츠의 전략 회의실을 촬영할 때는 늘 뒤편에 놓인 화이트보드를 블러 처리(사람 얼굴이나 글씨, 숫자 등을 식별할 수 없게 흐릿하게 처리하는 것 — 옮긴이)한다. 경쟁자들이 패트리어츠의 선발 시스템을 짐작조차 할 수 없게 만들기 위해서다.

그런데 재미있는 점은 이것이다. 사실 패트리어츠는 본인들의 시스템이 미래 예측이라는 측면에서 별로 믿을 만하다고 생각하지 않는다. 현재 대학생인 선수의 성공 가능성에 대해 자신들이 아는 것이라고는 허점투성이에 불명확하며 확실하지 않은 내용뿐임을 알고 있는 것이다. 우리가 이런 사실을 아는 것은 벨리칙이 드래프트의 선순위 선발권 한 장으로 후순위 선발권 여러 장을 기꺼이 트레이드하려고 애쓰는 걸로 유명하기 때문이다. 그는 마치 질보다 양이라고 여기는 듯하다. 벨리칙은 특정 선수를 뽑으려고 드래프트 순서를 앞당기기 위해 선발권 여러 장을 내주는 경우가 거의 없다. 그는 어느 선수가 NFL에서 성공하리라는 신호가 아무리 많아도, 단 한 명의 개인이라면 그를 둘러싼 불확실성이 너무 크다는 사실을 잘 알고 있다.

그래서 벨리칙은 한 번에 딱 맞는 선수를 골라야 한다는 걱정을 좀 내려놓고, 대신에 선수를 많이 선발하려고 한다. 이게 불가능하게 보일 수도 있다. 각 팀은 동일한 수의 선발권을 가지고 있기 때문이다. 하지만 패트리어츠는 종종 다른 팀보다 선발권을 더 많이 손에 쥔다. 벨리칙이 선순위 선발권 한 장을 후순위 선발권 여러 장과 얼마든지 맞바꾸려고 하기 때문이다. 그가 선발한 선수들이 트레이닝 캠프에 도착하면 벨리칙은 훨씬 더 많은 정보를 얻을 수 있다. 특히 각종 영상이나 대학팀 감독들과의 대화, NFL 스카우팅 컴바인NFL Scouting Combine(속도와 민첩성, 근력, 지능 등을 측정하는 대회)에서 수집된 데이터만으로는 도저히 알 수 없었던 그런 정보 말이다.

프리시즌(정규 시즌을 앞둔 훈련 기간 — 옮긴이)에 벨리칙은 어느 선수의 기술이 얼마나 뛰어난가 하는 점뿐만 아니라 그 기술이 패트리어츠의 시스템에 얼마나 잘 맞을 것인가 하는 부분까지 알아낸다. 선수의 성격(멀리서는 도저히 관찰할 수 없는 부분)이 팀 내 다른 선수들과 잘 맞고 스태프의 기대에 얼마나 부응할지 알아낸다. 좋은 선수는 좋은 선수고, 형편없는 선수는 형편없는 선수라고 생각하고 싶은 사람도 있을 것이다. 하지만 패트리어츠는 종종 어느 선수에게서 다른 팀들은 만들어 낼 수 없었던 강력한 성과를 얻기도 한다. 또 어떤 선수는 다른 곳에서는 잘했지만 패트리어츠의 시스템에서는 형편없는 경기력을 보이기도 한다.

벨리칙은 자신이 선발한 선수들 중 극히 일부만이 본인의 시스템 안에서 무럭무럭 성장할 것임을 알고 있다. 또한 나중에 가서 좋은 결과를 낼 선수가 누구인지 미리 알아낸다는 게 얼마나 어려운 일인지도 안다. 그래서 그는 드래프트 당일 더 좋은 의사 결정을 내리는 데 온 힘을 집중시키기보다는 오히려 분모를 키운다. 즉 선발 총인원을 늘리는 것이다. 벨리칙은 본인의 무지를 기꺼이 인정한다. 그는 자신에게 로마 여행 가이드북이 없다는 사실을 잘 알고 있다. 그는 여행을 하면서 하나씩 알아 갈 것이다.

잘 맞지 않는 선수는 걸러 낸다. 벨리칙은 해당 선수가 드래프트에서 선순위였는지 후순위였는지는 개의치 않는 것처럼 보인다. 그는 또한 드래프트가 끝난 후에도 수많은 선수와 계약을 맺는다. 드래프트에 뽑히지 못한 선수는 싼값에 데려올 수 있다. 그리고 지난 18년 동안 패트리어츠에서는 드래프트에 뽑히지 못했던 자유계약 선수가 늘 한 명 이상 함께 뛰었다.

그렇다면 우리는 빌 벨리칙에게서 뭘 배울 수 있을까?

최고 수준의 롱 스내퍼^{long snapper}(미식축구의 한 포지션으로, 공격의 시작 역할을 하는 센터 중에서 공을 더 멀리 던지는 임무를 맡은 선수 — 옮긴이)가 갖는 진가, 미국 해군 사관학교에서의 라크로스의 역사, 멀티 포지션을 소화할 수 있는 선수의 가치(모두 빌 벨리칙이 집착했던 분야로, 그는 비슷한 관심사를 가진 극소수의 추종자들 사이에서는 세계적 권위자로 인정받는다) 말고도 적어도 네 가지 교훈을 배울 수 있다. 이 교훈들의 적용 범위는 비단 스포츠에만 머물지 않는다.

: 1. 선택권이 있다면 확실히 유리하다 :

선택권이 있다는 건 무언가를 해도 되지만 의무는 아니어서 재량권이 있다는 뜻이다. 자포스를 떠올려 보면 되겠다. 자포스는 배송료와 반품이 무료인 온라인 신발 쇼핑몰 사이트다. 배송이나 반품에 비용을 지불하지 않아도 된다는 게 얼마나 즐거운 일인지는 다들 알 것이다. 엄밀히 말하면 완전 무료는 아니다. 배송료와 반품이 무료라는 것은 그렇지 않은 경우에 비해 아마도 신발 가격이 살짝 높게 책정되어 있다는 뜻이다. 대신에 우리는 신발을 눈으로 직접 보고, 그걸 신고 집 안을 걸어 본 다음 마음을 바꿀 수 있는 선택권을 가진다. 어느 신발이 보기에는 편한 것처럼 생겼을 수도 있다. 5점 만점에 4.97이라는 평점과 수천 개의 긍정적 리뷰가 달려 있을지도 모른다. 그러나 직접 신어 보기 전에는 저 신발이 과연 내 발에도 편할지는 알 수 없는 노릇이다. 수수료 없이(그리고 상대적으로 덜 번거롭게) 반품할 수 있다는 점은 우리에게 선택권을 부여한다. 꼭 사야 한다는 의무 없이 구매 버튼을 누를 수 있는 것이다.

선택권이 갖는 의미는 단순히 배송료가 없으니 실수를 처리하는 비용이 줄어든다는 데서 그치지 않는다. 선택권은 쇼핑이라는 과정 자체를 바꿔 놓는다. '신발을 더 많이 사세요(아직 한도가 남은 신용 카드 있으시죠?). 이게 옳은 선택일까 고민하지 마세요. 이 신발이 좋다고 리뷰를 쓴 사람이 나와 비슷한 사람인지 어떤지(발볼이 좁은 사람만 좋다고 한 거 아냐?), 자포스 사이트의 리뷰를 믿어도 될지 정보를 수집하느라 시간을 낭비하지 마세요.'

'쇼핑은 늘리고, 걱정은 줄이세요.' 아마도 벨리칙은 자포스를 좋아했을 것이다. 무료 배송과 무료 반품이라는 게 그의 드래프트 철학과 딱 맞아떨어지니 말이다. 잘 안 맞는 선수가 있으면 장기 계약을 체결할 필요 없이 내보내면 된다는 것을 알고 있기에 벨리칙은 미리부터 누가 최고의 선수인지 조금이라도 더 확실하게 알아내려고 기를 쓰지 않는다. 그 대신 '주문'하는 선수의 수를 늘린다. 드래프트 날이 다가와도 벨리칙은 남들보다 꿀잠을 잘 수 있다. '큰 수의 법칙'(관찰 대상의 수를 늘리면 경험적 확률이 수학적 확률에 가까워진다는 법칙으로 대수의 법칙이라고도 한다 — 옮긴이) 비슷한 것이 본인에게 유리하게 작용한다는 사실을 알고 있기 때문이다. 신인 선수를 많이 확보하기만 하면, 프리시즌에 테스트를 통해서 그중 몇 명은 틀림없이 건질 수 있을 것이다.

그러다 보니 벨리칙(뿐만 아니라 드래프트의 불확실성에 직면한 NFL의 다른 모든 브레인 집단)은 지금 충분히 뽑을 수 있는데도 몇 년 후에야 슈퍼스타를 놓쳤음을 알게 될, 그런 선수는 좀처럼 뽑지 않는다. 내 생각에 벨리칙도 드래프트 시기에 저 선수를 알아차릴 방법은 없을까 어느 정도 연구는 해 볼 것 같다. 하지만 그런 선수들을 위대하게 만드는 요소를 미리 알아차릴 방법은 결코 없다는 사실노 그는 이미 알 것이다. 아마도 그는 매년 드래프트 분석을 좀 더 잘해 보려고 노력할 것이다. 하지만 드래프트라는 절차에는 어쩔 수 없이 근본적인 불확실성이 있다. 벨리칙은 더 완벽하게 분석하려고 애쓰느니 차라리 불가피한 불확실성에 잘 대처할 수 있는 전략들을 찾아본다. 그는 어둠에 익숙해지는 데 더 많은 시간을 보내고, 불빛의 범위를 넓히는 데 쓰는 시간은 줄인다.

선택권의 핵심은 뭐가 좋을지 미리 알 수 없다는 사실을 인정하는 것이다. 벤처캐피털도 바로 이런 아이디어를 바탕으로 한다. 최고의 벤처캐피털리스트라고 해도 열 번 중에 일곱 번은 삼진을 당한 우리는 정보가 없어서 결정을 미루는 것이 아니다.
우리가 결정을 미루는 이유는 결정을 내리기 두려워서다.
만족할 만한 정보를 얻기까지 결정하지 않겠다는 사람은
결국 인생이 다 지나가 버렸음을 깨닫게 될 것이다.

다. 나중에 10억 달러 이상의 가치가 있는 것으로 판명될 소위 유니콘 기업을 찾아내는 것은 아마 열 번 중 한 번도 안 될 것이다. 그들은 왜 유니콘 기업을 미리 알아내서 거기에만 투자하지 않는 걸까? 알아낼 방법이 없기 때문이다. 투자 역시 답이 없는 문제의 하나다. 벤처캐피털리스트들은 큰 수의 법칙에 의존한다. 열 개의 투자처 중에서 어느 것이 홈런이 될지는 그냥 시장에 맡긴다. 그 이상 더 잘할 방법은 없다.

삶에도 이 아이디어를 적용해 보라. 가능하면 더 많은 경험을 해 보려고 노력하라. 이것저것 시도해 보라. 당신한테 안 맞는 것은 그만두라. 당신의 마음을 두근거리게 만드는 기회를 소중히 붙잡으라. 빠져나오는 데 큰 비용이 드는 일만 아니라면, 이게 어떤 걸까 미리 알아내려고 골몰하는 데 시간을 쓰기보다는 모험을 해 보는 데 더 많은 시간을 쓰라. 헤매더라도 이것저것 해 보는 편이, 하나하나 꼼꼼하게 계획을 세우는 것보다 훨씬 더 나을 수도 있다.

선택권이라는 이점은 많은 사람에게는 양날의 검이다. 우리는 결정을 내리기가 두려워서 더 많은 정보를 바란다. 장기 연애를 하면서 과연 이 사람이 맞는지 확실하게 알아보려는 거라고 스스로 되된다. 하지만 아직 만나 보지 못한 사람들을 더 많이 알아보는 편이 낫다는 주장도 있다. 여러 사람을 만나 보면 나 자신에 대해, 그리고 배우자가 될 사람과 내가 어떤 식으로 상호 작용하는지에 대해 더 잘 알게 될 테니, 내가 좋아하고 또 나를 좋아해 줄 사람을 찾아낼 가능성이 커진다는 주장이다. 트레이드오프 관계인 이 문제를 쉽게 해결할 방법은 없지만, 많은 경우 단순히 정보가 없어서 의사 결정을 미루지는 않는다는 사실을 기억해 두면 좋을 것이다. 우리가 결정을 미루는 것은 결정을 내리기가 싫어서다.

∷ 2. 남들한테 좋은 게 당신에게도 좋을 거라고 착각하지 말라 ∷

행복도를 묻는 설문 조사 문항이 당신에게는 해당되지 않을 수도 있다. 당신의 취향, 열정 그리고 가장 중요하게는 시간이 지났을 때 당신이 어떤 사람이 될 것인지와 무관할 수 있다. 그런데 신발을 직접 신어 보면 그 신발이 얼마나 편한지 글로 읽는 것보다 훨씬 더 많은 걸 알 수 있다. 남의 훈련장이 아니라 내 훈련장에서 그 선수가 뛰는 것을 직접 보면 특히나 큰 도움이 된다. 자동차라면 시운전해 보라. 답이 없는 문제라고 해서 모든 문제가 마음이 바뀌었을 때 돌이킬 방법이 없는 뱀파이어 문제는 아니다. 중요한 문제라고 해서 주눅 들지 말라.

⋮ 3. 매몰 비용은 매몰됐다 ⋮

벨리칙 감독은 자신의 결정이 실패로 판명 나더라도 그 사실을 인정하는 게 힘들지 않은 듯하다. 그는 드래프트 과정이 인과 관계가 뚜렷한 과학적 절차라기보다는 오히려 주사위 던지기에 가깝다는 사실을 기꺼이 인정한다. 그는 선수를 일단 기용해 본다. 그는 자신의 판단력에 대한 남들의 신뢰를 잃을까 걱정되어 자기 발에 맞지 않는 신발을 억지로 신어야 한다고 느끼지 않는다. 오히려 정반대다. 그는 그냥 다음 선수로 넘어간다(드래프트로 뽑은 선수에게만 해당하는 얘기도 아니다). 벨리칙은 의사 결정 중에 일부는 우리의 예상과 다른 결과가 나올 수밖에 없다는 사실을 잘 알고 있다. 우리는 신이 아니기 때문이다.

그럴 때 우리는 종종 이런 말을 한다. "그래서 이직했는데 실수였더라고." "결혼하자고 했는데 실수였어." "로스쿨에 들어갔는데 실수였어." 하지만 이 중에 진짜 실수는 없다. 실수란 안초비를 싫어하면서 안초비가 들어간 피자를 계속해서 주문하는 것이다. 실수란 파렴치한 인간인 것을 알면서도 그를 신뢰하는 것이다.

인생의 중요한 결정이 내가 바랐던 것과 다른 결과를 낳았다고 해서 그게 실수는 아니다. 그건 그냥 나의 바람과는 다른 결과가 나온 하나의 선택이다. 이런 것을 실수라고 불러서는 안 된다. 이런 경우를 가지고 자책해서는 안 된다. 당신 자신을 용서하라. 답이 없는 문제의 결과가 좋지 못했다고 해도 그게 내 실수는 아니다. 이런 것들은 오히려 모험이라고 불러야 한다. 모험에는 우여곡절이 따르고 기복이 있다. 벨리칙은 우리에게 어느 모험을 큰 희생 없이 빠져나올 수만 있다면 기꺼이 모험을 해 보라고 알려 준다. 결과가 나쁘면 빨리 중단하라! 결과가 좋으면 파도를 즐기라. 어차피 별로 정확하지도 않을 텐데 어느 모험이 최선일지 미리 알아내려고 낑낑대는 것보다는 차라리 그편이 낫다.

⋮ 4. 투지와 끈기는 과대평가되어 있다 ⋮

그렇다. 무언가가 어렵다거나 다소 불쾌하다는 이유로 즉각 그만두는 것은 좋은 생각이 아니다. 맞다. 취향 중에는 습득되는 것도 있지만 어떤 것들은 아무리 시간이 지나도 절대 유쾌해지지 않는다. 로스쿨이 싫고 변호사가 되기 싫다면 법조계의 다른 직업에 도전해 보라. 그래도 별 도움이 안 된다면 커리어를 완전히 바꾸어도 전혀 창피할 일이 아니다. 법조계가 싫어서 그 분야를 떠났다면 실수였다고 말하지 말라. 가진 정보가 그처럼 불충분했는데 어떻게 실수일 수 있는가? 인생이 생각과 다르게 펼쳐진다면, 나라는 사람이 내가 생각했던 것과 다른 사람이 된다면, 변화하라.

뱀파이어가 되어 보니 마음에 들지 않는다면 망토를 벗어 던지고 햇빛을 즐기라. 손실을 최소화하고 다음으로 넘어가라. 나에게 맞지 않는다는 걸 알게 됐는데도 아무 생각 없이 그 일을 계속하고 있기에는 인생이 너무 짧다. 살아 있으라. 변화하라. 벨리칙처럼 하라.

할 수만 있다면 선택권을 충분히 활용하라. 선택권이 있는 게 명백한 일들도 있다. 결혼하기 전에 데이트부터 해 보라. 입사하기 전에 인턴부터 해 보라. 정직원으로 채용하기 전에 인턴부터 시켜 보라. 이사하기 전에 직접 방문해 보라. 첫 장을 읽었다고 해서 모든 책을 끝까지 읽을 필요는 없다.

인생에서 내리는 대부분의 결정은 뱀파이어 문제가 아니다. 한 번 선택했다고 해서 되돌릴 수 없거나 취소할 수 없는 게 아니다. 이스라엘로 이민을 갔는데 그곳이 싫다면 다른 곳으로 가도 된다. 결혼을 했는데 결혼 생활이 최악이라면 이혼을 해도 된다. 그렇지만 나는 결혼 생활이 바로 투지와 끈기의 중요성이 저평가되었을 수도 있는 한 경우라고 생각한다. 도저히 안 되는 것으로 결론이 나기 전까지는 최선을 다해서 노력해 보라. 결혼하지 않을 것이고 그래서 배우자를 통한 인간적 유대를 느낄 수 없다면, 다른 방식으로 유대감이나 우정을 찾으면 된다. 로스쿨에 입학했는데 변호사가 되기 싫어졌다면, 당신이 그런 감정을 느끼는 최초의 사람은 아니다. 끈기와 투지가 미덕이라기에 그 길을 계속 고수한다면, 그 역시도 당신이 최초는 아니다. 그러나 심지어 당신이 이미 변호사 생활을 꽤 오래 했다고 해도 직업을 바꿔도 된다.

답이 없는 문제로 그처럼 괴로워하는 것은 후회라는 망령의 탓이 크다. 누군가와 결혼하지 않기로 했는데 나중에 그 결정을 후회할 수도 있다. 정반대 경우도 가능하다. 누군가와 결혼했는데 결과가 좋지 못할 수도 있다. 로스쿨에 갔는데 싫을 수도 있다. 의사 결정의 결과가 좋지 않을 수도 있기 때문에 우리는 선택을 내리는 것 자체가 두려워진다. 정보를 수집할 시간이 더 필요하다고 우리는 되된다. 더 많은 정보가 있어도 도움이 안 될 거라는 사실을 애써 무시하면서 말이다. 이는 그냥 결정을 내리기 싫어서 꾸물대는 것에 불과하다.

랍비 조너선 색스는 이렇게 말했다. "결혼을 이해할 유일한 방법은 직접 해 보는 수밖에 없다. 어느 커리어가 나에게 맞는지 알 수 있는 유일한 방법은 실제로 장기간 일해 보는 수밖에 없다. 결심의 언저리에 서서 망설이는 사람들은, 팩트가 다 수집될 때까지 결정을 꺼리는 사람들은 결국 인생이 다 지나가 버렸음을 깨닫게 될 것이다. 인생의 어느 길을 알 수 있는 유일한 방법은 위험을 감수하고 그

길을 직접 살아 보는 수밖에 없다." 팩트가 모두 수집되는 날은 절대로 오지 않는다.

인생이 다 지나가 버리는 것을 피할 수 있는 한 가지 방법은 '실수'에 대한 걱정을 그만두는 것이다. 어떻게 해도 더 잘할 방법이 없다면 그건 실수가 아니다. 그러니 '옳은 결정'이 무엇인지 알아내려고 쓰는 시간을 줄이라. 대신에 선택권을 늘릴 방법, 선택의 결과가 좋지 못했을 때 실망감에 대처할 방법을 고민하는 데 더 많은 시간을 쓰라. 내 생각에 빌 벨리칙은 NFL 드래프트가 끝난 날 밤에도 꿀잠을 잘 것이다. 여러분도 꿀잠을 잘 수 있다.

11장

잘 산다는 것

인생이 계획한 대로
흘러가지 않을 때

66

인생이란 우리가 열심히 계획을 세우는 동안 실제로 벌어지는 일이다.
- 앨런 손더스 Allen Saunders

99

언젠가 미국의 소설가 윌리엄 포크너는 책을 집필하는 과정을 다음과 같이 묘사했다. "캐릭터를 마음에 떠올립니다. 캐릭터가 떠올랐고 제대로 된 캐릭터이고 진실하다면, 그때부터는 캐릭터 스스로 집필을 합니다. 그때부터 저는 그냥 캐릭터 뒤를 졸졸 따라다니면서 캐릭터가 하는 말과 행동을 그대로 받아쓸 뿐이에요." 일부 소설가들과는 달리 포크너는 집필을 시작했을 때 어떤 책이 나올지 알지 못한다는 소리였다. 그가 창조한 캐릭터와 그가 설정한 상황은 그 자체로 생명력을 지녔다. 유기적인 측면을 가진 이 방법은, 우리가 흔히 천재의 작업 방식이라고 할 때 떠올리는 방식, 즉 기발한 계획을 세우고 철저히 실행해서 비전을 현실화하는 방식과는 달랐다. 포크너의 경우 작품의 비전은 작업을 해 나가면서 서서히 구체화됐다. 미리 다 짜 놓는 게 아니었다.

운이 좋아서(어쩌면 운이 나쁜 것일 수도 있다) 계획한 대로 커리어를 쌓거나 삶을 사는 사람들도 있다. 그 사람들은 자신이 뭘 원하는지 안다. 아니면 적어도 스스로는 안다고 생각한다. 예를 들면 의사가 되고 싶어 한다. 열심히 공부해서 이름 있는 의대에 입학한다. 레지던트 과정을 착실히 마치고 남은 삶을 의사로서 살아간다. 이런 식으로 하나에만 초점을 맞춘 계획에 대해서는 할 말이 많다. 그렇게 해서 금전적으로나 심리적으로나 대단한 보상이 따르는 커리어를 가질 수도 있다.

그러나 대부분의 사람은 계획한 대로 커리어를 쌓거나 삶을 살고 있지 않다. 우리는 내가 뭘 원하는지 모른다. 로마에 오긴 왔는데, 정확히 뭘 하는 게 최선인지 전혀 모르겠다. 내가 원하는 것, 좋아하는 것, 내 삶에 의미를 주는 것들은 내 선택을 통해 하나씩 드러난다. 그리고 그렇게 드러나는 과정은 내가 선택을 내리고, 그 선택의 결과를 살아가며 무언가를 배우고, 그에 따라 내 행동을 조정해 가는 일련의 과정과 동시에 진행된다. 내가 원하는 게 뭔지는 책상에 앉아서 연구한다고 혹은 책을 찾아본다고, 전문가에게 물어본다고 알 수 있는 게 아니다. 내가 원하는 것은 하루하루 실제로 겪어 보면서 알게 된다. 그리고 그 하루하루의 경험을 가져 보기 전에는, 특정한 정체성을 띠는 게 어떤 기분인지 직접 느껴 보기 전에는, 우리에게는 흔히 말하는 그 목표라는 게 없다.

자신이 의사가 되고 싶다는 것을 알고 그 플롯이 계획대로 진행될 수 있게 필요한 모든 단계를 밟는 사람처럼, 우리도 나만의 내러티브를 한번 짜 보려고 시도할지도 모른다. 그러나 대부분의 사람에게는 플롯이라는 게 온전히 내 뜻대로 되지는 않는다. 내러티브는 자체적으로 저만의 길을 간다. 플롯은 예상치 못한 방향으로 꼬이고, 캐릭터들은 대본을 벗어나고, 예상치 못한 인물이 등장하기도 한다.

답이 없는 문제에 직면하는 법을 생각할 때는 예술가처럼 사는 것도 나쁘지 않다.

빌라넬villanelle은 프랑스 시의 한 형식이다. 3행씩으로 구성된 스탠자 5개에 마지막 연은 4행으로 되어 있다. 첫 스탠자의 1행과 3행은 이후의 스탠자에서 번갈아 가며 반복된다. 엘리자베스 비숍의 시 〈한 가지 기술〉은 역대 가장 아름다운 빌라넬 중 하나로 여겨진다. 시인 샤론 브라이언Sharon Bryan은 〈한 가지 기술〉이 "형식과 내용이 완벽히 어우러졌다"라면서 만약 이 시가 운동선수였다면 등번호를 영구 결번시켜야 했을 거라고 주장한다. 앞으로 그 어떤 시도 비숍이 이뤄 낸 것을 넘어설 수는 없을 것이기 때문이다.

그럼에도 불구하고 그처럼 완벽해지기 위해서 비숍은 이 시를 열일곱 번이나 새로 썼다. 이 시는 창조의 과정을 통해 서서히 그 모습을 드러냈다. 'Bluedragonfly10'이라는 블로그에서 베스라고만 이름을 밝힌 글쓴이는 이 시가 이런 구조를 갖게 된 것은 시 스스로가 비숍에게 요구했기 때문이라는 의견을 내놓았다. 특히 두 번째 초안에서 이미 제1행 "상실의 기술을 익히는 것은 어렵지 않다"가 첫선을 보이면서 반복되고 있다는 사실은 이미 빌라넬이 될 가능성을 보여 주고 있다는 것이다.

이 시가 탄생 과정에서 그토록 빨리 빌라넬이 된 것을 보면서 나는 시가 하나의 소명처럼 그 형태를 타고난다고 믿게 됐다. 이 시는 빌라넬이 되고 싶었다. 시는 스스로 환영하는 형식이 있고 싫어하는 형식이 있다. 이 말은 곧 시가 사람처럼 자체적인 생명력과 생각, 목소리, 호불호를 가진다는 뜻이다. 그렇다면 모든 예술이 그럴 것이다. 예술은 모든 존재 방식 중에서도 자신이 환영하는 방식으로 창조되기를 바란다.

시가 어떻게 '바랄' 수 있을까? 어떻게 자체적인 생명력을 가질 수가 있을까? 시인은 뭐든 원하는 대로 쓸 수 있는 것 아닌가? 물론이다. 하지만 어찌 보면 시는 살아 있다고도 말할 수 있는 지점이 있다. 처음부터 다시 시작하는 게 아닌 이상, 어떤 변화는 더 이상 가능하지 않다. 또 어떤 변화는 뜻하지 않게 나타나서 잘 어울리고 그래서 유지되기도 한다.

우리의 인생 스토리도 이런 식으로 생각할 수는 없을까? 내 삶을 내가 만들기는 하지만, 결과를 온전히 제어할 수는 없다는 걸 알면서 만들어 가고 있다고 말이다. 때로는 전혀 제어할 수 없다는 걸 안다고 말이다.

우리는 내가 통제할 수 없는 것은 아예 통제를 벗어났다고 생각한다. 마치 다음번 커브를 돌고 나면 그다음에 뭐가 기다릴지 짐작조차 할 수 없는 놀이공원의 놀이기구처럼 말이다. 그러나 내가 통제할 수 없다는 점을 인정한다고 해서 전혀 통제가 안 되거나 계획조차 세울 수 없다는 뜻은 아니다. 오히려 이는 경험을 해 나가면서 새롭게 알게 되는 정보에 맞춰 계획이나 여행을 수정할 기회가 생길 거라고 믿는다는 뜻이다. 이는 가이드북 없이 일주일간 로마를 방문하는 것과 비슷하다. 빙판길에서 차가 미끄러지기 시작할 때와 비슷하다. 우리의 본능은 차를 빨리 제어해야만 할 것 같고, 가고 싶은 방향으로 바퀴를 돌려놓아야 할 것 같고, 브레이크를 세게 꽉 밟아야만 할 것 같다. 하지만 그렇게 했다가는 오히려 더 심하게 미끄러지게 된다. 때로는 그냥 가속 페달에서 발을 떼고, 차가 스스로 균형을 되찾도록 내버려 두는 편이 낫다.

예술가처럼 산다는 말은 세상에 대한, 그리고 당신 자신에 대한 새로운 발견에 마음을 연다는 뜻이다. 교육가 론 버크먼^{Lorne Buchman}이 《메이커스 랩》에서 보여 준 것처럼 시인이나 조각가, 소설가, 작곡가는 창작물을 만드는 과정에서 내가 지금 뭘 만들고 있는지 서서히 알아 간다. 이들은 어떤 알고리즘을 가지고 작업을 시작하는 게 아니다. "대리석에서 다비드가 아닌 부분을 모두 제거"하는 게 미켈란젤로의 알고리즘이 아니라면 말이다. 베토벤 역시 "앞에 나온 음 다음에 와야 할, 딱 맞는 음을 고르면서" 한 음, 한 음 나아간 것으로 보인다.

예술가는 자신이 뭘 만들어 내게 될지 전혀 모르는 경우도 많다. 그들은 자신이 계획하고 있는 게 뭔지 알아내려고 창작물을 만든다. 버크먼은 다음과 같은 피카소의 말을 인용한다. "뭘 그릴지 알려면, 일단 그리기 시작해야 한다." 엘리자베스 비숍은 말을 해 나가면서 자신이 하고 싶은 말을 발견했다. 삶도 마찬가지다.

예술가처럼 산다는 걸 실제로 들여다보면 선택권과 떼려야 뗄 수 없는 관계가 있다. 내가 살면서 들었던 최고의 조언 중 하나는 거절의 중요성에 관한 것이다. 자칫하면 너무 많은 약속을 남발해서, 하찮은 일에 시간을 낭비하고 가장 중요하다고 생각하는 일은 이루지도 못한 채 꼼짝도 못하고 있는 스스로를 발견하게 될 것이다. 당신이 세운 계획을 실현할 수 없을 것이다. 늘 곁길로 새 버릴 것이다.

그런데 이는 또한 최악의 조언 중 하나이기도 하다. 늘 혹은 너무 자주 거절한다면, 알게 되면 좋을 사람과 연이 닿을 기회를 놓치게 될 것이다. 특별한 어떤 것, 어쩌면 소중한 무언가를 발견할 기회를 잃을 것이다. 살면서 우연히 무언가 좋은 일을 만날 일이 줄어들 것이다. 선택권을 최대한 활용한다는 말은 당장 뚜렷한 가치가 눈에 보이지는 않지만 당신의 인연과 경험, 지평을 확장해 줄 가능성이 있는 일들을 수락한다는 뜻이다. 그렇게 되면 기회에 관해서, 그리고 당신 자신에 관해서 더 많이 알게 될 것이다. 당신이 뭘 좋아하고 뭘 의미 있게 생각하는지 알게 될 것이다.

내가 전형적인 사람은 아닐 수도 있다. 의사가 되고 싶다면 보통은 여기서부터 거기에 도달할 계획과 방법이 필요하다. 계획이 있는 것도 괜찮다. 어쩌면 '괜찮은' 것 훨씬 그 이상이다. 정작 어려운 부분은 상황이 어긋나거나 내가 세운 계획이 나에게 맞지 않음을 알게 됐을 때 그 계획을 언제 포기할지 아는 것이다. 이 역시 하나의 예술이다. 혹자는 이렇게 말할 것이다. "절대로 네 꿈을 포기하지 마! 버텨!" 하지만 실제로는 어떤 꿈은 비현실적이라는 걸 알게 될 것이다. 꿈이 악몽으로 판명 난다면, 버리고 떠나야 한다.

언제 꿈을 접고 언제 꿈을 유지할지 아는 것도 하나의 기술이다. 포커였다면 이 기술을 정량화할 수 있겠지만, 삶은 그렇지 않다. 당신이 어떤 사람인지(당신의 장점과 한계)를 알고, 매번 최선을 다해 의사결정을 내리는 수밖에 없다. 이 경우는 오히려 규칙("계속 버텨" 혹은 "너무 힘들면 그만둬")이 있는 게 길을 잃게 만들 수 있다. 삶에서는 언제 버티고 언제 그만둘지를 아는 기술을 개발해야 한다.

내가 가장 자랑스럽게 여기는 성취들은 대부분 언뜻 보기에 나라는 사람이나 기존의 내 계획과 잘 안 맞을 것 같은 일을 수락했을 때 일어났다. 박사 학위를 땄을 당시 나는 팟캐스트를 운영하겠다는 계획을 세우지는 않았다. 인터넷이 없던 시절이다. 존 파폴라 감독이 느닷없이 내게 이메일을 보내와서 내 팟캐스트가 마음에 든다며 함께 일해 보자고 했을 때도, 나는 우리가 일종의 영상 같은 걸 만들게 될 줄은 알았지만 랩 배틀 영상을 두 개나(저자와 파폴라 감독은 뮤직비디오 형식으로 경제학자 케인스와 하이에크가 랩 배틀을 벌이는 영상을 만들었다 ─ 옮긴이) 제작하게 될 줄은 우리 둘 다 예상치 못했다.

내 인생에서 잊지 못할 몇몇 대화는 내가 그냥 무심코 상대의 이야기에 귀를 기울였을 때 일어났다. 오늘은 내가 이야기의 주인공이 아니라고 생각할 수 있었던 그런 자리 말이다. 나는 그날의 대화에서 무언가를 이뤄야 한다는 계획이 없었다. 그냥 그 자리에 있었을 뿐인데 처음 보는 여성이 마음을 열고 본인 인생의 비극을 들려주었다. 자주 일어나는 일은 아니다. 하지만 아무런 선입견 없이 그냥 그 자리에 있어 줄 수 있다는 것은 강력하고도 소중한 능력이다.

대화를 시작할 때 기본적으로 무언가를 주고받겠다는 계획(이 대화를 통해 뭘 얻어 가지?)이나 이야기의 주인공이 되겠다는 마음을 갖지 말라. 오히려 예술가와 같은 태도로 접근하라. 이런저런 목표를 세우지 말라. 대화를 어느 방향으로 끌고 가겠다는 계획 없이 그냥 흘러가는 대로 놓아두라. 최고의 대화는 예상치 못한 방향으로 흘러가서 결국 사람들을 더 가까워지게 하거나 몰랐던 사실을 알려 주거나 새로운 교훈을 주면서 끝이 난다. 예술 작품과 마찬가지로 대화도 자체적인 생명력이 있다. 대화를 통제하겠다는 마음을 조금만 버리면 사람들의 마음이 열린다.

예술가처럼 산다는 것은 계획을 절대 세우지 말라거나, 가만히 앉아서 삶이 정신을 쏙 빼놓을 때까지 기다리라는 얘기가 아니다. 당신의 경험과 당신이라는 사람이 서로 영향을 주고받고 있고, 둘의 교류 방식은 (마치 예술품과 창작자처럼) 자체적인 생명력을 갖고 움직인 인생은 당신이 쓰면서 동시에 읽고 있는 한 권의 책과 같다.
결말을 구상해 놓았어도 중간에 플롯이 꼬일 수 있다.
또한 도중에 정해 놓은 결과가
최선이 아니라는 것을 깨달을 수도 있다.

다는 사실을 알라는 뜻이다.

　최고의 가이드북을 가진 관광객이 세세한 여행 일정을 짜듯이 삶을 계획할 수 없다는 사실은 다들 알고 있다. 그렇게 본다면 우리가 사는 곳은 기차가 제시간에 오지도 않고 어떨 때는 아예 운행조차 하지 않는 곳임을 인정해야 한다. 우리가 최선의 노력을 다해도 기차는 예정 없는 곳에 멈춰 서고, 종종 선로를 이탈하고, 제 갈 길을 간다.

　그렇지만 핵심은 '깜짝 놀랄 일이 생길 테니 마음의 준비를 하라'는 게 아니다. 물론 사랑하는 사람이 죽고, 당연히 합격할 줄 알았던 취업이 좌절되고, 제출한 제안서가 거절당하기도 한다. 처음 만난 사람과 좋은 친구가 된다. 때로는 기다리던 배가 들어온다. 인생에는 놀랄 일이 가득하다. 여기에 새로운 것은 없다. 내 말은 그런 뜻밖의 일들, 차질, 예상치 못한 선물, 굴러들어 온 행운, 우리를 정신없게 만드는 일들을 만났을 때 어떻게 대할 것이냐 하는 점이다.

　삶을 예술가처럼 생각하는 또 하나의 방법은 글쓰기를 통해서 배울 수 있다. 이론적으로야 한 문장, 한 문장 조심스럽게 써 내려가는 것도 가능하다. 최고의 작가는 참을성 있게 딱 맞는 단어를 찾아내고 한 문장, 한 문장 아름답게 엮어 가는 사람이다. 한때 나는 플로베르도 그런 식으로 글을 쓴 줄 알았다. 말하자면 초고가 거의 완

잘 산다는 것

237

성본에 가까운 줄 알았다. 하지만 그렇지 않았다. 플로베르는 부단히 글을 고쳐 쓰는 작가였다. 그는 스스로 만족할 때까지 고치고, 고치고, 또 고쳐 썼다.

SF 작가 오슨 스콧 카드는 창작 글쓰기 수업을 할 때 학생들에게 서로의 초안에 대한 피드백을 주라고 한다. 그는 기말 에세이를 가지고 학생들의 성적을 매기는 것이 아니라, 수업을 함께 듣는 학생들에게 얼마나 양질의 피드백을 주었느냐를 가지고 성적을 매긴다. 위대한 작가가 되려면 먼저 위대한 편집자가 되어야 한다는 게 카드의 생각이다. 글을 잘 쓰려면 반드시 글을 수정할 줄 알아야 한다는 것이다. 인생도 마찬가지다. 초고가 조야했다고 걱정하지 말라. 필요하면 아끼는 것도 포기할 줄 알고 수중의 선택권을 잘 활용한다면 당신은 걱정 없을 것이다.

예술가처럼 사는 마지막 방법은 당신 자신을 하나의 예술 작품으로 보는 것이다. 9장에서 보았던, 경제학자 제임스 뷰캐넌이 말한 '인위적 인간'을 기억할 것이다. 뷰캐넌은 당신 자신을 하나의 공예품으로 볼 수 있다고 했다. 당신도, 당신의 삶도 예술인데 예술가처럼 사는 것을 한번 상상해 보라. 그게 어떤 걸까? 당신 자신을 빚어내야 할 찰흙으로, 조각해야 할 대리석으로 본다는 뜻일 것이다. 당신 자신과 당신의 삶을 만들어지고 있는 하나의 작품으로 본다는 뜻이다.

　인생은 당신이 쓰면서 동시에 읽고 있는 한 권의 책과 같다. 결말이 이러저러해야 한다는 당신만의 계획이 있을지도 모른다. 그러나 위대한 책이 되려면 음미하고, 곱씹고, 소화하는 중간 과정이 필요하다. 읽고 나면 인생이 바뀌는 책처럼 말이다. 우리는 하나, 어쩌면 두세 개의 플롯이 꼬일 것도 예상해야 한다.

　당신은 책이나 시 혹은 당신의 삶을 계획한 대로 나오게끔 집필할 수 있다고 상상할지도 모른다. 어쩌면 실제로 그런 글을 쓰고, 그런 계획을 실행할 수 있을지도 모른다. 그러나 우리가 앞서 보았던 여러 교훈을 생각한다면, 당신이 10대 때 혹은 20대 때 살아가고 싶었던 그 책은 나이가 든 당신에게는 최선의 책이 아닐 수도 있다. 그 책이 자기만의 방식으로 당신의 이야기를 써 내려가는 것을 허락해야 한다.

　이런 시각에는 어느 정도의 자각이 필요하다. 그리고 그런 자각은 보통 나이나 경험과 함께 쌓인다. 앞서 말한 열망도 어느 정도 필요하다. 당신이 무엇을 향해 고군분투하고 있는지 정확한 형태나 윤곽은 모르더라도, 개괄적이나마 당신이 어떤 사람이 되고 싶은지에 대한 생각이 필요하다. 이 열망은 그냥 '더 나은 사람'이 되는 것일 수도 있다. 올해는 작년보다 더 나은 사람이 되는 것처럼 말이다.

예술가는 몇 가지 능력을 가지고 세상에 태어난다. 우리 모두가 그렇다. 그 능력을 어떻게 사용할 것인가? 그 능력을 가지고 무엇을 빚을 것인가? 그 능력을 어떻게 더 발달시켜서 우리 삶을 더 나은 작품으로 빚을 것인가? 우리를 품고 있는 이 흙을 어떻게 받아들이고 이걸 어떻게 탈바꿈시켜서 아름다운 예술 작품으로 만들 것인가?

영화 〈바베트의 만찬〉은 믿기지 않는 한 예술가에 관한 이야기다. 이 예술가가 하녀로 일하는 집에는 독신인 두 자매가 산다. 자매는 인구가 줄어들고 있는 신앙심 깊은 작은 마을에서 아버지의 유산을 받들며 살아가려 애쓴다. 하녀 바베트는 뜻밖의 횡재를 하게 되고, 그걸로 주인 자매와 얼마 안 되는 마을 사람들에게 기억에 남을 밤을 선사하기로 결심한다. 어마어마한 기교와 기술이 들어간 예술 수준의 만찬을 준비한 것이다. 바베트가 만든 음식을 맛본 누군가는 이렇게 말한다. "이 예술가의 마음에서 흘러나온 기나긴 외침이 온 세상을 울리는 듯하네요. '내가 최선을 다하게 해 주세요.'" 인생을, 우리의 마음이 우리에게 하려는 말을 이런 식으로 이해하는 것도 나쁘지 않다. 우리에게는 여러 가지 능력이 있다. 일부는 주어진 것이고, 일부는 노력으로 얻은 것이다. 그런 재능과 우리에게 주어진 소중한 시간을 남김없이 다 사용해야 한다.

문제는 우리가 목표를 향해 전속력으로 이리 뛰고 저리 뛰는 게 최선을 다하는 거라고 착각하는 경우가 너무나 많다는 것이다. 랍비 레비 이츠하크Levi Yitzchak of Berditchev에 관한 이야기가 하나 있다. 랍비가 뛰어가는 남자와 마주쳤다. 남자는 미친 듯이 앞으로 달리고 있었다. "자네 어딜 그리 급하게 가나?" 랍비가 물었다. "제 삶을 뒤쫓고 있습니다!" 남자가 대답했다. "아마 그건 자네 뒤에 있을 걸세." 랍비가 말했다. "자네는 삶에서 멀어지고 있어."

실은 로마 여행 계획을 도와줄 썩 괜찮은 가이드북들도 있다. 정확하고 빡빡한 세부 일정표를 만들 수도 있다. 사전에 당신이 최선이라고 결정한 것들을 볼 수 있게 전체 여행을 세세하게 연출할 수도 있다. 반면에 무슨 일이 벌어질지, 뭐가 마음에 들지, 찬찬히 두고 볼 시간을 남겨 두는 관광객도 있다. 길에서는 어느 테너가 마치 심장을 토해 낼 듯이 푸치니의 아리아 〈네순 도르마〉를 부르고 있다. 바티칸에 갔다가 계획보다 오래 그곳에 머무는 관광객도 있다. 테베레강 위에 놓인 다리를 서성이며 과연 얼마나 오랜 세월 사람들은 이 자리에 섰을까 상상해 보면서 말이다.

잘 산다는 것은 두 가지 방법을 적절히 섞는 것이다. 이게 당연한데도 어쩐 일인지 우리는 여행 계획을 처음부터 끝까지 다 세워 놓은 관광객은 합리적이라 생각하고, '아무것도 안 할' 시간을 끼워넣은 관광객이나 한가로이 거닐며 도시를 한껏 느끼고 있는 사람은

'목적이 없다'고 생각한다. 때로는 목적이 없는 편이, 어디를 목적으로 삼아야 할지 발견하는 데 도움이 될 텐데 말이다.

때로는 그냥 앉아서 기다리며 무슨 일이 벌어질지 지켜보는 편이 낫다. 때로는 그저 기다리는 게 최선을 다하는 것일 수 있다. 빈둥거리며 기다리라는 게 아니다. 주의 깊게 기다려야 한다. 주의를 기울이는 게 중요하다. 때로는 아무것도 하지 않고 앞으로 다가올 것에 대한 마음의 준비를 하는 게 최선을 다하는 것이다. 속도를 늦추면 앞으로 다가올 것이 도착했을 때 알아보기가 더 쉬울 것이다.

12장

최고의
질문들

우리의
가슴을
뛰게 하는 것들

"

인생의 목적은 행복이 아니다. 쓰임이 있고, 존경할 만하고, 연민이 있고,
당신이 살았음으로 인해 세상이 조금이라도 나아졌어야 잘 산 삶이라고 할 것이다.
- 랠프 월도 에머슨

"

워싱턴 D.C.에 사는 사람이 시카고까지 최대한 빨리 가고 싶다면 해나 별만 보면서 차를 북서쪽으로 몰아서는 안 될 것이다. 길을 정해야 한다. 옛날에는 지도를 가지고 그렇게 했고, 지금은 내비게이션을 이용해서 가고 싶은 곳에 간다.

내비게이션 프로그램의 핵심은 방향을 바꿀 때마다 알려 주는 것이다. 그러지 않고 직감에 의존해 아무 데서나 방향을 돌린다면 아무 데도 도착하지 못할 것이다. 내비게이션이 기능할 수 있는 비결은 데이터다. 내비게이션은 도로 체계나 특징에 관한 데이터는 물론이고, 교통 상황에 관한 데이터까지 받아 본다. 내비게이션은 여러 경로의 도로 상황을 모두 알기 때문에 더 빨리 목적지에 도달할 수 있다.

가로세로 세 칸씩으로 이루어진 루빅큐브를 조합하는 방법은 무려 4,300경 가지에 이른다. 43 뒤에 0을 18개 붙여야 하는 숫자다. 루빅큐브를 마구잡이로 돌려서는 해결이 나지 않을 것이다. 우리에게는 계획, 알고리즘이 필요하다. 알고리즘이란 특정 결과를 논리적으로 도출해 내는 일련의 행동이나 절차를 근사하게 표현한 말에 불과하다.

삶을 내비게이션이나 루빅큐브처럼 생각하고 싶을 것이다. 목표를 이루려면 여기에서 출발해 거기에 도달할 계획이 필요하다고, 이용 가능한 최선의 정보와 데이터에 기초한 계획과 알고리즘이 필요하다고 생각하고 싶을 것이다. 데이터가 훌륭하고 계획이 훌륭할수록 더 많은 걸 이룰 수 있다고 생각하고 싶을 것이다.

하지만 그건 답이 있는 문제에만 해당되는 얘기다. 답이 없는 문제에는 다른 식의 접근법이 필요하다. 최선의 경로만 따지고 있을 게 아니라 애초에 어디로 갈 것인지를 고민해봐야 한다. 인생을 마치 최대한 앞을 내다보며 행복이나 웰빙을 극대화해야 하는 의사 결정 지점의 연속물인 것처럼 생각하지 말라. 앞서 말한 것처럼 인생을 하나의 긴 여정으로 생각하라.

동행(사랑하는 사람이나 친구)이 있어야 할까? 그렇다면 누구에게 함께 가자고 청해야 할까? 여정을 지속하는 동안 나는 동행자들을 어떻게 대해야 할까? 단순히 나만을 가장 행복하게 만드는 비전이 아니라 동행자와 공유하는 비전을 바탕으로 여행 일정표를 짠다면 내 여행은 무엇이 달라질까? 이 여정에서 나는 어떤 원칙을 가지고 어떻게 적용해야 할까? 어떻게 해야 기분 좋고 우연한 발견을 경험할 여지를 만들 수 있을까? 예상치 못한 것이 예상되는, 예상할 수도 없고 피할 수도 없는 현실을 위한 여지를 만들 수 있을까? 길이 서서히 드러나고 펼쳐지도록, 그대로 내버려 둘 용기가 나에게 있을까? 나 자신과 내 본모습, 내가 사는 방식과 사랑하는 방식이 서서히 모습을 드러내고 그대로 펼쳐지게 내버려 둘 용기가 나에게 있을까? 기계적인 방식이 아니라 유기적인 무언가처럼 진행되도록 내버려 둘 수 있을까?

이런 것들은 답이 있는 질문이 아니다. 이런 것들은 해결해야 할 '문제'가 아니라 경험하고, 맛보고, 음미해야 할 '미스터리'다. 세상천지에는 당신이 자기만의 철학 안에서 꿈꾸는 것들, 살아가면서 저기쯤 있을 거라고 기대할 수 있는 것들보다 훨씬 더 많은 것들이 있다. 인생에는 내비게이션이 없다. 다만 당신이 만들어 가는 하나의 공에

답이 없는 문제는 해결해야 할 '문제'가 아니라
경험하고 맛보고 음미해야 할 '미스터리'다.
세상에는 당신이 꿈꾸고 기대하는 것보다 더 많은 것들이 있다.

품으로서의 당신 자신을 계속해서 다듬는 것은 가능하다.

우리는 본능적으로 이렇게 묻고 싶어진다. '그게 나한테 뭐가 좋아? 내가 이걸 좋아할까? 이게 재미있을까?' 수많은 삶의 영역에서 이런 질문도 출발점으로는 그리 나쁘지 않다. 하지만 답이 없는 문제라면, 잘 산 인생을 추구하라. 그러면 당신이 미리 계획하거나 희망할 수 있던 것보다 훨씬 더 좋은 것들이 기다리고 있을지도 모른다. 행복은 적어도 '재미있고 당신을 기분 좋게 해 주는 것'이라는 의미에서는 과대평가되어 있다. 행복은 설문 조사에서처럼 단순하게 1에서 5 사이의 숫자로 답할 수 있는 게 아니다. 행복은 인간이 혹은 정책 입안자들이 목표로 삼을 만한 게 아니다. 의미, 목적, 사랑, 인간적 성장, 재능을 최대치로 활용하는 것, 바로 이런 것들이 우리의 가슴을 노래하게 한다. 이런 것들은 우리를 우리 자신보다 더 위대한 무언가로 키워 낸다.

삶에는 과학이나 과학적 방법론이 미칠 수 없는 부분이 있다고 하면 종종 비이성적이거나 반과학적이라는 소리를 듣는다. 그러나 과학의 영역에는 과학을 사용하고, 과학이 해당하지 않는 곳에는 과학을 사용하지 않는 게 훌륭한 과학의 핵심이다. 과학이 어디까지 해당되고 어디가 과학의 한계인지 아는 것은 미덕이다. 건강한 겸손의 신호다. 세상에는 우리가 모르는 것들도 있다. 어쩌면 어떤 것들은 앞으로도 영영 알 수 없을 것이다. 그러나 우리가 살면서 경험할 수 있는 최고의 것들은 우리가 알거나 모르는 어떤 것이 아닌 경우가 많다. 최고의 질문은 답이 없는 질문들이다.

연재만화 〈캘빈과 홉스〉의 마지막 편에서 작가 빌 워터슨은 여섯 살짜리 꼬마 캘빈과 호랑이 인형 홉스가 썰매를 타고 눈 덮인 언덕을 신나게 달려 내려오는 모습을 보여 준다. 캘빈은 홉스에게 오늘은 가능성으로 가득 찬 하루라며 이렇게 말한다. "홉스, 내 오랜 친구야. (…) 마법 같은 세상이야. 탐험을 떠나자!"

세상이 그처럼 마법 같을 수 있는 것은 탐험이 있기 때문이기도 하다. 지난 세월, 인생을 경험하면서 나는 경제학자라기보다는 오히려 캘빈주의자처럼 되었다. 당신이 아직 '과정'에 있는 작품임을 이해하기 위해서라도 탐험은 중요하다. 어디로 가고 싶은지, 그곳에 도착하면 나는 어떤 사람이 되어 있을 것 같은지 생각을 해 봐야 한다. 그 여정을 위한 나의 조언을 시로 써 보았다. '여행 주의보'라고 부르기로 하자.

확실성을 찾고 싶은 충동을 조심하라.

절대적으로 확실한 것.

분명한 것.

손안에 든 새라는 유혹.

한두 번쯤은 달걀을 몽땅 한 바구니에 넣으라.

도박을 해 보라.

사랑에 관해서라면. 데이트 신청을 하라.

불확실성을 환영하라.

모험을 걸어 보라.

안전한 가로등 밑을 떠나라.

편안한 모닥불 곁을 떠나라.

밤을 즐기라.

뱀파이어는 되지 말고.

동행을 찾으라.

친구를 만들라. 화해하라.

주인공? 출연진의 일원이 되려고 노력하라.

빨리 가지 말고, 멀리 가라.

팔을 뻗으라. 손을 내밀라.

가끔은 제일 높은 가지에 달린 복숭아를 향해 손을 뻗으라.

뛰지 말라. 걸으라.

가끔은 기다리며 지켜 보라.

스모키 스카치위스키를 마셔 보라. 별로인가? 한 번 더 마셔 보라.

두 번 더 마셔 보라.

원칙을 지키기 위해서라면, 대가를 따지지 말라.

움츠리지 말라.

꽃피우라,

성장하라.

키우라

당신 안의 불길을.

열망하라.

높은 곳을 겨냥하라. 더 높으면 더 좋다.

여러분이 잘 산 인생을 살 수 있기를 바란다. 수영장에서 시간을 보내고 수영장이 아닌 곳에서도 시간을 보내며, 당신에게 의미 있고 곁에 있는 사람들에게도 의미 있는 일들을 하길 바란다. 안전한 여행이 되길.

마음속 풀리지 않는 모든 문제들에 대해 인내하라. 문제 그 자체를 사랑하라.

지금 당장 답을 구하려 하지 말라. 지금은 주어질 수 없으니.

중요한 건 모든 것을 살아보는 일이다. 지금 그 문제들을 살라.

그러면 어느 먼 미래에, 자신도 모르게, 당신은 그 답을 살고 있을 것이다.

- 릴케, 《젊은 시인에게 보내는 편지》

감사의 말

책을 한 권 쓴다는 건 로마로 여행을 떠나는 것과 아주 비슷하다. 다행히도 나는 특별한 여행 친구가 여럿 있었다. 펭귄북스 포트폴리오의 내 담당 편집자 브리아 샌퍼드에 감사하다. 브리아는 늘 낙천적인 태도와 지혜, 헌신으로 내가 혼자 작업했을 때보다 훨씬 더 훌륭한 책을 만들어 주었다. 브리아의 구체적인 제안 내용 외에도 브리아와 나누었던 여러 대화는 이 책의 내용에 아주 큰 영향을 미쳤다. 내 에이전트인 레이프 새걸린에게도 고마움을 표하고 싶다. 레이프가 늘 초점을 유지하도록 도와준 덕분에 나는 이 책의 주제를 벗어나지 않을 수 있었다. 모린 클라크는 교열 작업을 정말 뛰어나게 해 주었고, 마이크 브라운과 케이티 밀러는 교정을 훌륭히 도와주었다. 이 세 사람과 랜디 마룰로는 수많은 나의 글쓰기 버릇을 찾아내 고쳐 주었고, 덕분에 이 책이 훨씬 더 읽기 즐거운 글이 되었다.

기운을 내라고 응원해 주고, 도움 되는 말을 주고, 답이 없는 문제에 관해 함께 대화를 나눠 주고, 여러 번의 초안을 읽고 의견을 주었던 분들이 많다. 조너선 배런, 도널드 부로드, 애그니스 캘러드, 벤 카스노차, 타일러 코웬, 유발 돌레브Yuval Dolev, 앤절라 더크워스, 캐럴린 두드Carolyn Duede, 피비 엘즈워스, 샬럼 프리드먼Shalom Freedman, 줄리아 갈렙, 리사 해리스Lisa Harris, 애비 호프먼Avi Hofman, 레베카 일리프Rebekah Iliff, 댄 클라인, 아널드 클링Arnold Kling, 모세 코펠Moshe Koppel, 바버라 쿠퍼Barbara Kupfer, 로런 랜즈버그Lauren Landsburg, 페니 레인, 리처드 머호니Richard Mahoney, 로버트 맥도널드Robert McDonald, 마이클 멍거Michael Munger, 에밀리 오스터Emily Oster, 니키 퍼패도펄러스Niki Papadopoulos, 아즈라 라자, 아리 로버츠Aryeh Roberts, 에즈라 로버츠Ezra Roberts, 조 로버츠Joe Roberts, 셜리 로버츠Shirley Roberts, 예일 로버츠Yael Roberts, 제브 로버츠Zev Roberts, 버비스 쇼크Bevis Schock, 하임 섀프너Hyim Shafner, 스펜서 스미스Spencer Smith, 롭 위블린Rob Wiblin, 숀 우드Shawn Wood에게 감사하다.

A. J. 제이컵스A. J. Jacobs는 일찌감치 나에게 좋은 방향을 알려 주고 도움 되는 의견도 많이 주었다. 늘 그렇지만 개리 벨스키Gary Belsky는 처음부터 끝까지 끊임없이 훌륭한 조언과 중요한 통찰을 주었다. 특히 의사 결정과 관련된 문헌을 잘 알고 있어 많은 도움을 받았다. 개리는 이 책에 대해 확신이 있어서 나는 힘든 시기를 지날 때도 포

기하지 않을 수 있었다. 샬렘 대학교의 새로운 동료인 리언 카스와 댄 폴리사Dan Polisar는 《결심이 필요한 순간들》이 정말로 어떤 방향도 정해지지 않은 책이었을 때 내가 길을 찾을 수 있도록 도와주었다. 리언은 '인간적 성장'의 본질을 일깨워 주었다. 댄은 내용 편집 과정에서뿐만 아니라 중요한 갈림길에서 내가 원고의 구조를 성공적으로 재정리할 수 있게 도와주었다. 제브 로버츠와 나누었던 대화로 나는 이 책의 마지막 부분을 정리할 열쇠를 찾을 수 있게 되었다.

아직 출판되지 않은 논문 〈물에 대한 세 가지 관점Three Views of Water〉을 공유해 준 댄 길버트에게도 고마움을 표하고 싶다. 댄과 이메일을 주고받은 덕분에 나는 돼지와 철학자 문제에 관해 많은 생각을 할 수 있었다. 이 책의 논의에서 내가 댄의 의견을 충분히 대변했다는 데는 댄도 동의했지만, 끝까지 댄은 내 주장에 동의하지는 않고 본인의 관점을 고수해 주어서 또 그 나름의 재미가 있었다. 길버트의 관점을 알려 주었던 폴 블룸에게도 고맙다.

부모가 될 것인지에 관한 문제를 결정하는 데 도움을 주는 것과 관련해서 행복의 가치에 관한 설문 조사를 두고, 나와 설전을 벌였던 줄리아 갈렙에게도 감사하다. 페어러그래프Pairagraph에서 나눈 대화 덕분에 나는 배운 것도 있었고 기존에 가지고 있던 시각도 더 예리해졌다.

내가 이 책의 내용을 구상하는 데 도움을 주었던 1장에서 소개한 질문, 즉 '만약 중요한 것들은 측정하기가 어렵고 측정할 수 있는 것들은 엉뚱한 결론으로 이끈다면, 우리는 대체 어떻게 의사 결정을 내려야 하나요?'라는 질문을 내게 했던 내 트위터 팔로워 네이트 윌콕스Nate Wilcox에게도 고마움을 표한다.

리버티 펀드Liberty Fund의 지원 덕분에 나는 16년째 주간 팟캐스트 이콘토크를 진행하고 있다. 이 팟캐스트는 아주 똑똑하고 흥미로운 사람들에게 내 관심사들을 질문할 수 있는 기회를 주었다. 최근에 나는 잘 산 인생, 행복의 가치에 대한 연구, 의미를 찾는 방법, 웰빙 측정에서 경제학이 갖는 한계 등 이 책과 관련된 여러 문제에 관심을 두게 되었다.

여러모로 이 책은 이콘토크의 게스트였던 분들과의 대화에서 뻗어 나왔다. 마이클 블래스트랜드, 폴 블룸, 로버트 버턴Robert Burton, 론 버크먼, 애그니스 캘러드, 루카 델러나Luca Dellanna, 데이비드 데프너David Deppner, 리처드 엡스타인Richard Epstein, 줄리아 갈렙, 게르트 기거렌처, 로야 하카키언, 대니얼 헤이브런Daniel Haybron, 마거릿 헤퍼넌, 리언 카스, 존 케이, 머빈 킹, 댄 클라인, 이언 맥길크리스트, 제리 멀러, 마이클 멍거, 스콧 뉴스톡Scott Newstok, L. A. 폴, 리처드 롭Richard Robb, 에밀리아나 사이먼 토머스Emiliana Simon-Thomas, 피터 싱어, 로리 서덜랜드, 나심 니콜라스 탈레브가 바로 그분들이다. 이들이 출연한 팟캐스트 에피소드는 russroberts.info/wildproblems에 정리되어 있다.

이들과 나누었던 대화나 그 대화의 기초가 되었던 책들은 내 생각에 많은 영향을 미쳤기 때문에 이제 더 이상 내가 원래 가지고 있던 생각들과 분리할 수가 없다. 분명히 이콘토크에 출연해 주었던 이들 게스트가 이 책의 모든 내용에 동의하지는 않을 것이다. 그 내용에 강력히 반대하는 분들도 있을 것이다. 그러나 그 내용이 무엇이었는지 내가 매번 정확히 집어낼 수는 없다고 하더라도, 나는 이들에게서 분명히 무언가를 배웠다. 혹시라도 내가 무의식적으로 이들의 아이디어를 사용했다면 부디 용서해 주시길 바란다.

'데이터를 이용한 분석적 의사 결정의 어려움'에 관한 내 초창기 생각들을 발표할 수 있게 기회를 주었던 스트라이프Stripe와 니키 피너먼Nikki Finnemann에게도 감사하다.

다른 책들도 모두 마찬가지지만, 아내 샤론의 지원과 의견, 조언이 없었다면 이 책을 마칠 수 없었을 것이다. 우리는 함께 가로등에서 멀리 떨어진 어둠 속으로 그냥 믿고 뛰어든 적도 많았다. 그동안 아내가 내 옆에 있어 준 게 얼마나 큰 축복인지.

출처 및 읽을거리

내가 이 책의 방향을 잡는 데 중심이 되었던 책 두 권과 글 한 편이 있다. 셋 다 꼭 한 번 읽어봄 직하다. 애그니스 캘러드가 쓴 《열망》, L. A. 폴이 쓴 《획기적 경험》, 《왕립철학연구소Royal Institute of Philosophy》 제58추보(2006)에 발표되었던 에드나 울먼 마갈릿Edna Ullmann-Margalit 의 〈중대한 의사 결정Big Decisions〉이 그것이다. 책에 관해 캘러드 및 폴과 나누었던 이콘토크 인터뷰가 큰 도움이 되었다. 폴이 생각해 낸 뱀파이어 문제 덕분에 나는 합리성에 대해 완전히 새롭게 생각해 볼 수 있었다.

켈빈 경은 이렇게 말했다. "측정할 수 있는 것을 이야기하면서 숫자로 표현한다면, 뭔가를 아는 것이다. 그렇지만 측정할 수 없고 숫자로 표현할 수 없다면, 그 지식은 빈약하고 불충분한 종류의 지식이다. 그게 지식의 시작이 될 수 있을지는 모르지만, 문제가 무엇이었건 당신의 생각은 '과학'의 단계로는 거의 발전하지 못한 것이다." 인용문은 《인기 강연 및 연설Popular Lectures and Addresses》(1889)의 1권에 있는 1883년 5월 3일 강연 〈전기의 측정 단위Electrical Units of Measurement〉에서 따온 것이다.

시카고 대학교의 돌에 새겨진 "측정할 수 없는 지식은 빈약하고 불충분하다"라는 문구는 표현을 살짝 바꾼 것이다. 1959년에 버논 스미스가 조지 스티글러의 초대를 받아 논문을 하나 발표하러 시카고 대학교를 찾았다. 두 사람 다 나중에는 노벨 경제학상을 수상하게 된다. 버논 스미스가 들려준 이야기로는, 두 사람이 저 인용문 앞에 다다랐을 때 스티글러가 이렇게 농담을 했다고 한다. "그리고 측정할 수 '있는' 지식도 빈약하고 불충분하지!" 스티글러는 경험론을 중시하는 아주 재치 있는 경제학자였다. 하지만 나는 그의 농담이 '세상을 온전히 이해하기에 데이터는 한계가 있다'는 뜻이었다고 생각하고 싶다.

다윈이 결혼에 대해 그처럼 고민했다는 사실을 내가 처음 알게 된 것은 몇 년 전에 읽었던 《나의 반쪽Wing to Wing, Oar to Oar》 덕분이다. 사랑에 관한 아주 멋진 글들을 모아놓은 에이미 카스Amy Kass와 리언 카스의 책이다. 《보스턴 리뷰》에 실린 애그니스 캘러드의 글 〈지나치게 고민하지 마라Don't Overthink It〉를 읽으면서 다윈의 딜레마가 다시 생각났고, 의사 결정에 관해 생각해 보면서 이 책이 탄생했다.

《에스콰이어》에 실린 A. J. 제이컵스의 글 〈찰스 다윈과 밸런타인데이를 만회하는 방법Charles Darwin and How to Fix Valentine's Day〉도 다윈을 좀 더 알게 해 준, 아주 재미있는 글이었다.

다윈과 그의 결혼 생활에 관해 유용한 배경지식을 제공해 준 것은 그의 자서전이었다. 이 자서전은 '다윈 온라인'(darwin-online.org. uk)이라는 웹사이트에 올라와 있다. 'CUL-DAR210.8.2'라고 검색해 보아도 다윈의 자필 일기를 볼 수 있다. 다윈 서신 프로젝트(darwinproject.ac.uk)에서도 많은 정보를 얻었다. 다윈의 비글호 탐험에 관한 데이터는 브리태니커 백과사전의 비글호 탐험 항목에서 가져왔다.

프랜시스 베이컨에 관한 배경지식은 대프니 듀 모리에의 책 《나선 계단The Winding Stair》과 존 헨리John Henry의 책 《아는 게 힘이다Knowledge Is Power》에서 얻었다. 요소별 점수를 매겨서 사람을 채용하는 방법에 관해서는 대니얼 카너먼의 《생각에 관한 생각》에 나와 있다.

자녀를 갖겠다고 결심하는 것은 "내 마음이 영원히 내 몸 밖을 돌아다니게 하겠다는 뜻"이라고 인용한 엘리자베스 스톤의 문장은 1985년 《빌리지 보이스Village Voice》에 실린 엘런 캔터로Ellen Cantarow의 에세이에서 인용 표시 없이 사용되었는데, 《리더스 다이제스트》가

1987년에 해당 문장을 재인용하면서 캔터로가 엘리자베스 스톤의 문장을 인용한 것이라고 확인했다. 개인 이메일로 이런 이력을 확인해 준 엘리자베스 스톤에게 감사하다. 통계학 교수 퍼시 다이어코니스의 문장은 "생각이 너무 많을 때의 문제The Problem of Thinking Too Much"라는 제목으로 실린 연설문에서 따왔다.

이 책의 첫머리에 우리가 의사 결정을 약간은 통제할 수 있고, 합리적 선택이 가능하다는 생각을 품을 수 있다고 했다. 루카 덜러나의 책《컨트롤 휴리스틱The Control Heuristic》은 우리의 뇌가 이를 어렵게 만드는 이유와 우리가 의사 결정을 약간은 더 통제할 수 있을지도 모를 방법들을 탐구한다. 돼지와 철학자에 관한 존 스튜어트 밀의 인용문은 그의 책《공리주의》에서 가져왔다.

폴 블룸의 책《최선의 고통》은 괴로움에도 나름의 장점이 있고, 우리가 꼭 기쁨 대비 고통의 양에만 신경 쓰는 것이 아니라, 그것들을 경험하는 순서도 중요하다는 사실을 일깨워 주었다.

꼭대기까지 바위를 옮겨야 했던 학생의 이야기는 어디서 읽었는지 기억이 나지 않는다. 혹시 출처를 아는 분이 있다면 'russroberts@gmail.com'으로 이메일을 주시기 바란다.

로저 스크루턴Roger Scruton의 책《내가 있는 곳Where We Are》과 이 책에 대해 메건 맥아들Megan McArdle과 나누었던 이콘토크 인터뷰는 우리의 정체성에서 위치가 중요하다는 사실을 생각하게 해 주었다. 애덤 스미스와《도덕 감정론》에 관해 더 많은 내용이 궁금하다면 내가 쓴《내 안에서 나를 만드는 것들》을 참조하기 바란다.

'페넬로페 문제'를 더 진지하게 생각해 보고 싶다면《은빛 그림 속 황금 사과Apples of Gold in Pictures of Silver》에 실린 에이미 카스의〈페넬로페의 귀환The Homecoming of Penelope〉을 읽어 보기 바란다. 마틴 가드너가《사이언티픽 아메리칸》에 게재한 '비서 문제'에 관심이 있다면,《통계학Statistic Science》(1989) 4권 3호에 실린 토머스 퍼거슨Thomas Ferguson의 글〈누가 비서 문제를 해결했나?Who Solved the Secretary Problem?〉가 즐겁고도 훌륭한 소개 글이 될 것이다. 또한 이 글에는 아내가 콜레라로 사망한 이후 2년 동안 체계적으로 열한 명의 결혼 상대를 고려했던 독일의 천문학자 요하네스 케플러의 이야기도 근사하게 쓰여 있다. '합리적으로' 다음번 아내를 고르려고 했던 케플러의 고뇌에 찬 시도는 이 책의 주제를 아주 잘 보여준다.

수의를 짜는 게 왜 그렇게 중요한지 내가 알 수 있었던 것은 이 콘토크에서 버지니아 포스트럴Virginia Postrel과 그녀의 책《문명의 짜임새The Fabric of Civilization》에 관해 대화를 나누었던 덕분이다.

'최적화'에 대한 허버트 사이먼의 대안적 관점에 대해서는 영어 위키피디아 사이트의 '만족화Satisficing' 항목도 나름대로 소개 글이 될 수 있다. '체스터턴의 울타리'는 G. K. 체스터턴의 책 《더 씽The Thing》에 나온다.

이 책의 8장은 내가 쓴 에세이 〈내 인생 이야기The Story of My Life〉를 정리한 것이다. 'link.medium.com/M6E1ze00ppb'에서 찾아볼 수 있다. 랍비 조너선 색스가 계약과 서약에 관해서 쓴 에세이 〈사랑의 끈The Bonds of Love〉은 'rabbisacks.org.'에서 볼 수 있다. 합리적 의사 결정에 대한 경제학자 아리엘 루빈스타인의 관점은 그의 책 《경제학 우화Economic Fables》의 첫 페이지에서 따왔다.

인간의 '욕망에 대한 욕망'을 이야기한 철학자 해리 프랭크퍼트의 생각은 1971년 《철학 저널Journal of Philosophy》에 실린 그의 글 〈의지의 자유와 개인의 개념Freedom of the Will and the Concept of a Person〉에서 가져왔다. '욕망에 대한 욕망'은 《미디엄Medium》에 실린 나의 글 〈원하는 걸 원하기를 원하기Wanting to Want What We Want〉에서도 다루었다. 습관 형성에 관한 경제학자 프랭크 나이트Frank Knight의 문장은 《자유와 개혁Freedom and Reform》에 실린 〈계획적 행동The Planful Act〉에서 가져왔다. "욕망하기보다는 열망하는 존재"로서의 인간에 대한 나이트의 문장은 《계간 경제학Quarterly Journal of Economics》(1922, May)에 실린 〈윤리학과 경제학적 해석Ethics and the Economic Interpretations〉에서 따왔다. 경제학자 제임스 뷰캐넌의 '빚어내야 할 존재'로서의 인간에 대한 문장은 《경제학자는 무엇을 해야 하는가?What Should Economists Do?》에 실린 〈자연적 인간과 인위적 인간Natural and Artifactual Man〉에서 따왔다.

엘리엇 로즌 버전의 개 두 마리 이야기(때로는 '늑대 두 마리 이야기'라고도 한다)는 그의 1998년 작 《영혼의 경험Experiencing the Soul》에서 가져왔다.

빌 벨리칙의 드래프트 전략에 관한 부분은 그가 드래프트를 진행하고 프리시즌을 이용해 정규 시즌 로스터를 구성하는 모습을 오랫동안 지켜보면서 내가 추측한 내용이다. 직접 해 보지 않고서는 알기 어렵다고 한 랍비 조너선 색스의 인용 부분은 'rabbisacks.org'에 실려 있는 그의 에세이 〈하는 것과 듣는 것Doing and Hearing〉에서 가져왔다.

소설가 윌리엄 포크너가 캐릭터 뒤를 따라다니면서 캐릭터가 하는 말과 행동을 그대로 받아쓴다고 한 부분은 1958년 그의 버지니아 대학교 대학원 초청 강연에서 따왔다.

플로베르가 끝없이 글을 고쳐 썼다고 한 부분은 《일반심리학 개관Review of General Psychology》(2008, March)에 실린 키스 오틀리Keith Oatley와 마자 디킥Maja Djikic 의 〈생각을 위한 글쓰기Writing as Thinking〉에서 가져왔다.

엘리자베스 비숍의 시 〈한 가지 기술〉은 수많은 해석과 함께 인터넷에서 널리 볼 수 있다. 내가 11장에서 참조했던, 베스라는 블로거가 블로그에 쓴 "한 가지 기술 : 엘리자베스 비숍의 시에 드러난 상실의 글쓰기One Art: The Writing of Loss in Elizabeth Bishop'sPoetry"를 추천한다.

글쓰기를 배울 때 수정의 중요성에 대한 SF 작가 오슨 스콧 카드의 생각은 내가 서던버지니아 대학교에 강연하러 갔을 때 개인적으로 나눈 대화에서 가져온 것이다. 카드는 고맙게도 내가 개설한 경제학 대학원생들을 위한 글쓰기 및 커뮤니케이션 수업에 대해서도 조언해 주었다.

결심이 필요한 순간들

인생의 갈림길에서 더 나은 선택을 하는 법

초판 1쇄 발행 2023년 9월 5일
초판 10쇄 발행 2024년 11월 22일

지은이 러셀 로버츠
옮긴이 이지연
펴낸이 최동혁
디자인 엄혜리 김경주

펴낸곳 ㈜세계사컨텐츠그룹
주소 06168 서울시 강남구 테헤란로 507 WeWork빌딩 8층
이메일 plan@segyesa.co.kr
홈페이지 www.segyesa.co.kr
출판등록 1988년 12월 7일(제406-2004-003호.)
인쇄·제본 예림

ISBN 978-89-338-7226-0 (03100)